JAMES BOND 007

LIZENZ ZUM KOCHEN

LIZENZ ZUM KOCHEN

50 Rezepte aus der Welt von James Bond

VON
TOM GRIMM

MIT FOTOS VON
TOM GRIMM &
DIMITRIE HARDER

PANINI BOOKS

Für meinen »literarischen Ziehvater« und größten Förderer

Karl-Heinz »Kalle« Meyer (1951–2004),

der 007 sogar noch mehr geliebt hat, als ich es tue.

BUCHKONZEPTION, TEXTE & REZEPTE:
Tom Grimm, Grinning Cat Productions
(E-Mail: tg@grinningcat.de)

KREATIVE MITARBEIT & MISE EN PLACE:
Katja Böhm

KÜNSTLERISCHE LEITUNG & REQUISITEN:
Tom Grimm

FOODFOTOGRAFIE:
Tom Grimm, unter Mitarbeit von Dimitrie Harder, Andreas Geyer & Kai Schwabe

COVERDESIGN:
Tom Grimm, Roberts Urlovskis

Die deutsche Ausgabe wird von der Panini Verlags GmbH, Schloßstraße 76,
70176 Stuttgart herausgegeben.

Geschäftsleitung: Hermann Paul
Head of Editorial: Jo Löffler (v.i.S.d.P.)
Head of Marketing: Holger Wiest (E-Mail: marketing@panini.de)
Lektorat: Thomas Gießl
Grafik und Lettering: Roberts Urlovskis
Vorsatzgrafik: Angelos Tsirigotis
Produktion: Gunther Heeb
Presse & PR: Steffen Volkmer
Druck: DZS Grafik, Slowenien

MIX
Papier aus verantwortungsvollen Quellen
FSC® C106600

YDBOKB001

ISBN 978-3-8332-3907-6

1. Auflage, September 2020

PANINI BOOKS
www.paninibooks.de

Bibliografische Information der Deutschen Nationalbibliothek
Die Deutsche Nationalbibliothek verzeichnet diese Publikation in der Deutschen Nationalbibliografie; detaillierte bibliografische Daten sind im Internet über http://dnb.d-nb.de abrufbar.

Dieses Buch wurde auf chlorfreiem, umweltfreundlich hergestelltem Papier gedruckt.

INHALT

EINLEITUNG

BREAKFAST

STARTERS

LUNCH

MAIN DISHES

DESSERTS

DRINKS

UND ZUM SCHLUSS ...

EINLEITUNG

LIZENZ ZUM SCHLEMMEN!

Jedes Kind hat seine Helden.

In meinem Fall waren das Robin Hood, Batman, Zorro, Han Solo, Mad Max, aber vor allem – James Bond.

Der erste 007-Film, den ich je gesehen habe, war *Feuerball*, im Samstagabendprogramm der ARD, irgendwann Anfang der 1980er. Ich muss damals neun oder zehn gewesen sein, und obwohl die eine oder andere Szene für mein zartes Gemüt fast schon ein bisschen zu viel war, hinterließ der Film mit seinen exotischen Schauplätzen, der grandiosen Action und diesem unfassbar coolen Geheimagenten mit der Lizenz zum Töten derartigen Eindruck bei mir, dass ich meinen Ziehonkel, bei dem ich damals gerade in den Ferien war, anflehte, sich doch bitte, bitte einen Videorekorder anzuschaffen, damit ich mir auch die übrigen Bond-Abenteuer anschauen konnte. Im Gegenzug bot ich an, seine Wohnung aufzuräumen – ein vergleichsweise geringer Preis dafür, dass ich in den nächsten Tagen in Endlosschleife *Liebesgrüße aus Moskau, Man lebt nur zweimal, Leben und sterben lassen, Der Mann mit dem goldenen Colt, Goldfinger* und *Diamantenfieber* gucken konnte!

Einige Jahre später war *In tödlicher Mission* der erste Bond-Film, den ich im Kino erleben durfte – auf Spanisch, in Valencia, wo ich seinerzeit gerade im Rahmen eines Schüleraustauschprogramms einen Monat bei einer Gastfamilie verbrachte. Das Einzige, das ich verstand, war »Hijo de puta« (Hurensohn), aber auch trotz Sprachbarriere war der Film absolut großartig und gehört noch heute zu meinen Favoriten. Seit damals hat es bei mir Tradition, jedes neue 007-Abenteuer immer zuerst auf der großen Leinwand zu genießen.

Es ist nicht übertrieben, zu behaupten, dass James Bond für mich das Tor zur großen, weiten Welt aufgestoßen hat – symbolisch genauso wie im wahrsten Sinne des Wortes. Tatsächlich hat mich die legendäre Schöpfung des britischen Autors und Spions Ian Fleming (1908–1964) in vielerlei Hinsicht stärker geprägt, als es ein reales »Vorbild« jemals gekonnt hätte. Ich würde zwar nicht sagen, dass ich je bewusst oder unbewusst 007 nachgeeifert habe, aber einige Parallelen lassen sich wohl nicht von der Hand weisen, vor allem im Hinblick auf Bonds ausgeprägte Vorliebe für gute Hotels, schnelle Autors, Glücksspiel, Frauen – und die kulinarischen Freuden des Seins, die vor allem in Flemings Romanen und Erzählungen eine zentrale Rolle spielen.

In seinen Bond-Geschichten beschreibt Fleming über siebzig verschiedene Menüs; dazu kommt eine Legion weiterer Speisen und Getränke, die erwähnt oder ohne viele Worte konsumiert werden. Der Roman *Goldfinger* (1959) beispielsweise ist eine einzige Reise durch die französische Küche, auf der Bond kein Restaurant und keine Brasserie zwischen Le Touquet und Genf auslässt, sodass es fast schon einem Wunder gleichkommt, dass er nicht von Gicht, Diabetes oder einem akuten Eiweißschock dahingerafft wird, bevor es ihm gelingt, seinen Widersacher zur Strecke zu bringen.

In *Casino Royale* (1953) erklärt 007 seiner großen Liebe Vesper Lynd bei ihrem ersten gemeinsamen Abendessen: »Bitte, verzeihen Sie. Ich habe eine fast lächerliche Freude an dem, was ich esse und trinke. Das liegt teilweise daran, dass ich Junggeselle bin, aber hauptsächlich an meiner Liebe zum Detail. Es mag sich ziemlich pedantisch anhören, aber wenn ich arbeite, speise ich normalerweise allein, und das Essen wird interessanter, wenn man sich damit beschäftigt.«

Dabei ist Bond grundsätzlich nicht wählerisch bei dem, was er isst (und trinkt). Im elften 007-Roman *Im Geheimdienst Ihrer Majestät* (1963) heißt es: »James Bond war kein Feinschmecker. In England ernährte er sich vornehmlich von gegrillter Seezunge, *œufs cocotte* und kaltem Roastbeef mit Kartoffelsalat. Aber wenn er ins Ausland reiste, was er für gewöhnlich allein tat, waren die Mahlzeiten eine willkommene Abwechslung vom Tagesgeschäft, etwas, worauf man sich freuen konnte.« Dementsprechend reicht Bonds Speiseplan von gewöhnlichen Alltagsgerichten über exotischere Speisen bis hin zu exklusiven Genüssen, die sich damals, als die Romane entstanden, allenfalls die Superreichen leisten konnten, wie Kaviar, Hummer, Austern, Rochenflügel, Artischocken, Guaven und noch alles Mögliche mehr, das in den entbehrungsreichen Jahren nach dem 2. Weltkrieg, als Fleming seine Bücher schrieb, für die meisten purer Luxus war. Wie viele Menschen hatten 1953, als *Casino Royale* erschien, je eine Avocado gesehen, geschweige denn eine *gegessen*? Zwar ging es mit Großbritannien schon wieder bergauf, aber die Schatten des Krieges und der Essensrationierung hingen noch immer über dem Land – auch wenn Fleming selbst aufgrund seiner privilegierten Herkunft, seiner Tätigkeit für den US-Marinegeheimdienst und seiner Arbeit als Journalist, die ihn die ganze Welt bereisen ließ, im Gegensatz zu den meisten seiner Landsleute nie etwas entbehren musste, jedenfalls nicht wirklich.

Ian Fleming fand großen Gefallen an Essen und Trinken – eine Vorliebe, die er seinem Helden James Bond mitgab, der ohnehin in vielerlei Belangen unverkennbar seinem Schöpfer nachempfunden ist. Die gegrillte Seezunge beispielsweise, die Fleming für gewöhnlich im Blades Club in London zu Mittag aß, zählt auch zu Bonds Leibspeisen, und es verwundert nicht, dass Flemings absolutes Lieblingsgericht zugleich das von 007 ist: Rührei mit Speck, Toast, Butter, Fruchtaufstrich und dazu ca. 10 Liter starker, schwarzer Kaffee. Tatsächlich lässt Bond im Roman *Dr. No* sogar die auf Kuschelkurs gepolte Honey Rider mit den Worten abblitzen: »Dies ist nicht der richtige Zeitpunkt, um Liebe zu machen. Ich werde jetzt erstmal frühstücken.« Manchmal muss man eben Prioritäten setzen …

Abgesehen von seiner Vorliebe für gutes Essen lässt Bond keine Gelegenheit aus, sich einen Drink zu genehmigen – oder zwei oder drei. Allein im Roman *Man lebt nur zweimal* (1964) kippt er sage und schreibe 225 Alkoholeinheiten (eine Einheit entspricht 10 ml reinem Alkohol), von Sake über japanischen Whiskey bis hin zu Weißwein und Champagner. Und obwohl von einem derart massiven Alkoholkonsum natürlich ausdrücklich abzuraten ist, lässt sich nicht leugnen, dass auch viele dieser weniger gesundheitsförderlichen Getränke durchaus ihren Reiz besitzen.

Dementsprechend finden Sie, geneigter Leser, in diesem Buch nicht bloß eine breite Palette der unterschiedlichsten Speisen, die der berühmteste Geheimagent der Welt auf seinen Abenteuern in allen Winkeln der Erde genossen hat, wie z. B. gebratene Seezunge, Quiche de Cabinet, Bouillabaisse, Sukiyaki, Spaghetti Caruso, Filet Mignon und Hummer Thermidor, sondern ebenso zahlreiche Drinks, um all diese Köstlichkeiten hinunterzuspülen, u. a. den Negroni, den Vesper, den Old Fashioned, den Black Velvet und *den* 007-Klassiker schlechthin, den Wodka Martini – natürlich geschüttelt, nicht gerührt!

Sämtliche Rezepte orientieren sich dabei so weit wie möglich an Buch und Film, auch wenn ich hier und da gewisse Anpassungen vorgenommen habe, um sicherzustellen, dass sich jedes Gericht und Getränk von jedem mit ein bisschen Küchenerfahrung umsetzen lässt, ohne dafür eigens ins Hinterland von Kuala Lumpur reisen zu müssen, um die nötigen Zutaten zu besorgen, oder für die Zubereitung den Privatkoch des Sultans von Brunei zu engagieren. All das mit dem Ziel, dass diese Mission für Sie – und für jene, die das Glück haben, in den Genuss Ihrer kulinarischen Bemühungen zu kommen – ein voller Erfolg wird.

In diesem Sinne: Lizenz zum Kochen … erteilt!

Tom Grimm

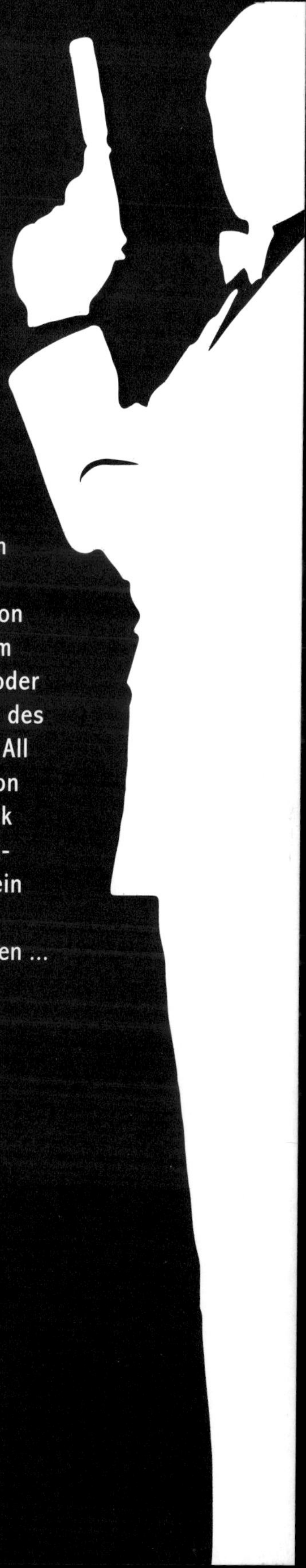

BREAKFAST

RÜHREI MIT SPECK

Obwohl man den berühmtesten Geheimagenten der Welt gemeinhin mit Delikatessen wie Kaviar, Austern und Champagner gleichsetzt, sind Bonds Leibspeisen in Wahrheit ausgesprochen bodenständiger Natur: gegrillte Seezunge, Roastbeef mit Kartoffelsalat – und Rührei mit Speck. Vor allem letzteres ist Bonds Seelennahrung, die er im Zuge seiner – literarischen – Abenteuer mit fast obsessiver Regelmäßigkeit goutiert, u. a. im Roman *Leben und sterben lassen* (1954), während er mit der rätselhaften Wahrsagerin Solitaire im Nachtzug vor dem Gangsterboss Mr. Big flieht, und dann gleich noch mal nach ihrer Ankunft in Jacksonville. Ja, in *Dr. No* (1958) lässt 007, sonst bekanntlich um kein Schäferstündchen verlegen, sogar die auf Kuschelkurs gepolte Honey Rider mit den Worten abblitzen: »Dies ist nicht der richtige Zeitpunkt, um Liebe zu machen. Ich werde jetzt erstmal frühstücken.« Und in der 1966 posthum in dem Sammelband *Octopussy* erschienen Geschichte »007 in New York« verrät Bond sein eigenes Rezept für das »perfekte Rührei«, das der Koch im Edwardian Room des altehrwürdigen Plaza Hotels nach Bonds Anweisungen extra für ihn zubereitet. Eben dieses Rezept – das man Bond zufolge übrigens am besten auf einem Kupferteller servieren sollte, zusammen mit Taittinger-Rosé-Champagner und »leiser Musik« – finden Sie hier. Mehr 007 geht nicht!

ZUTATEN

Für 2-3 Portionen

4 Eier
8 EL Sahne
Salz
Schwarzer Pfeffer (aus der Mühle)
4 TL Butter
6-8 Streifen Frühstücksspeck
Etwas Schnittlauch, frisch gehackt

ZUBEREITUNG

Die Eier in eine Schüssel mit hohem Rand aufbrechen, die Sahne dazugeben, kräftig mit Salz und Pfeffer würzen und mit dem Schneebesen so lange verquirlen, bis das Ganze zwar noch relativ dickflüssig, aber schön cremig und konsistent ist.

In einer beschichteten Pfanne bei kleiner Hitze die Hälfte der Butter schmelzen. Die verquirlten Eier dazugeben und langsam stocken lassen; dabei zwischendurch hin und wieder mit einem Pfannenwender vorsichtig am Pfannenboden entlang rühren, damit das Ei nicht ansetzt und zugleich durchgängig fester wird.

In einer separaten Pfanne derweil bei großer Hitze die restliche Butter schmelzen. Die Speckstreifen mit etwas Abstand zueinander hineingeben (je nach Größe der Pfanne am besten in zwei Chargen) und von beiden Seiten jeweils 1-2 Minuten anbraten, je nachdem, wie kross der Speck werden soll.

Hat das Rührei die gewünschte Festigkeit erreicht, vom Herd nehmen, das Ei auf die Teller verteilen und mit frisch gehacktem Schnittlauch bestreuen. Die Speckstreifen daneben arrangieren und sofort servieren! Dazu passen hervorragend Toast und Kaffee.

JACK DANIEL'S
Old No.7

EIER BENEDICT

In *Der Mann mit dem goldenen Colt* (1965), dem zwölften und letzten Bond-Roman aus der Feder von Ian Fleming, heuert der Profikiller Francisco »Pistols« Scaramanga Bond als Leibwächter an und quartiert seinen »neuen Mitarbeiter« im Thunderbird-Hotel auf Jamaika ein. »Bestellen Sie beim Zimmerservice, was immer Sie möchten«, erklärt Scaramanga dem Agenten großzügig – ein Angebot, das Bond dankend annimmt und sich zur Einstimmung auf seinen neuen Job erst einmal einen Imbiss ordert, bestehend aus Eiern Benedict und einer Flasche Walker´s Deluxe-Bourbon. Tatsächlich erfreuen sich Eier Benedict vor allem in Großbritannien und in den USA großer Beliebtheit. Angeblich wurden sie sogar in New York erfunden, und zwar von Charles Ranhofer, dem Chefkoch von *Delmonico´s Restaurant*, als Reaktion darauf, dass einer seiner Stammgäste, der Bankier LeGrand Benedict, sich darüber beklagte, dass es ständig dasselbe zum Frühstück gebe. Andere haben das Grundrezept dann später auf vielerlei Arten variiert, indem sie statt Schinken z. B. gedünsteten Spinat (Eier Florentine) oder Räucherlachs (Eier Hemingway) verwenden. Wir hingegen präsentieren die Eier Benedict so, wie 007 sie am liebsten mag: klassisch und ohne jeden Schnickschnack!

ZUTATEN

Für 2 Portionen

3 EL Salz sowie noch etwas mehr zum Würzen

3 EL Essig

2 Eier

4 EL Sauce Hollandaise (fertig)

2 Scheiben Vollkorntoast

Gesalzene Butter

2 Scheiben Kochschinken

Schwarzer Pfeffer

Paprikapulver

Etwas Schnittlauch, frisch gehackt

Außerdem erforderlich

Schaumlöffel, Eiswürfel

ZUBEREITUNG

Die Eier behutsam jeweils in eine Tasse aufschlagen. Dabei darauf achten, dass das Eigelb intakt bleibt!

In einem großen Topf viel Wasser zum Kochen bringen. Die Hitze auf niedrig reduzieren. 3 EL Salz und den Essig ins Wasser geben. Mit dem Schaumlöffel so kräftig umrühren, dass ein Wirbel entsteht, die Eier dann eins nach dem anderen mitten in den Wirbel geben, der dafür sorgt, dass das Ei kompakt bleibt und sich die Eiweißfäden um das Eigelb legen. Die Eier 3-4 Minuten köcheln lassen (je länger die Garzeit, desto fester das Eigelb); dabei beständig weiter am Rand des Topfes entlang rühren, damit der Wirbel in Bewegung bleibt. Die pochierten Eier anschließend mit dem Schaumlöffel vorsichtig aus dem Wasser nehmen und in eine Schüssel mit Eiswasser geben.

Die fertige Sauce Hollandaise in einem kleinen Topf erwärmen. Die Toastbrotscheiben toasten und mit Butter bestreichen. Jeweils eine Scheibe Kochschinken darauflegen. Die pochierten Eier aus dem Eiswasser nehmen, mit Küchenpapier abtupfen und auf den Kochschinken geben. Dezent mit Salz und schwarzem Pfeffer würzen.

Nach Belieben Sauce Hollandaise über das pochierte Ei geben. Mit Paprikapulver und frisch gehacktem Schnittlauch bestreuen und sofort servieren.

MEDICAL DEPARTMENT
HISTORY SHEET
DISLOCATED COLLAR BO
Name:
BOND, JAMES
MI6 SECURITY

SCOTCH WOODCOCK

Ian Fleming war durch und durch Brite und wuchs in den gehobenen Kreisen der englischen Gesellschaft auf. Sein Vater, Valentine Fleming, war konservativer Unterhausabgeordneter, sein Großvater der wohlhabende schottische Bankier Robert Fleming. Ian besuchte die besten Schulen, um später als Journalist und Wertpapierhändler zu arbeiten. Er liebte schnelle Autos, ferne Länder und die schönen Dinge des Lebens – allesamt Wesenszüge, die er auch seinem Helden James Bond verlieh. Nicht von ungefähr stand eines der absoluten Lieblingsrestaurants von 007 auch bei Ian Fleming hoch in Kurs: das Scott´s am Piccadilly Circus in London. Hier nahm Fleming gern sein Mittagessen ein: einen großen Martini, gefolgt von einem Dutzend Colchester-Austern und einem Guinness sowie zum Abschluss Scotch Woodcock. Dieses eigenwillige Gericht gehört zu den ältesten der englischen Küche und stammt ungeachtet seines Namens weder aus Schottland, noch hat es irgendetwas mit Waldschnepfen zu tun. Dem *Universal Etymological English Dictionary* aus dem Jahre 1731 zufolge ist ein »Woodcock« vielmehr ein spezielles Messer zum Öffnen des Brustkorbs erlegter Tiere. Doch woher die Bezeichnung tatsächlich stammt, ist unbekannt. Sicher hingegen ist, dass sich Scotch Woodcock bereits in einem Kochbuch von 1851 findet und über achtzig Jahre lang u. a. auf der Speisekarte des Restaurants im Britischen Parlament stand. Noch heute wird Scotch Woodcock in den Gentlemen´s Clubs der Universitäten von Cambridge und Oxford zur weltberühmten »Tea Time« als Alternative zu süßem Gepäck angeboten.

ZUTATEN

Für 4 Portionen

4 Eier

3 EL Sahne

20 Kapern, fein gehackt

16 Anchovisfilets (aus dem Glas), abgetropft

50 g Butter

Meersalz

Schwarzer Pfeffer

4 Scheiben Vollkornbrot

Etwas frische Petersilie, fein gehackt

ZUBEREITUNG

Die Eier zusammen mit der Sahne in eine Schüssel geben und gründlich verquirlen.

Bei mittlerer Hitze die Hälfte der Butter in einer Pfanne schmelzen. Die Eier in die Pfanne geben, mit Salz und Pfeffer würzen und unter ständigem Rühren etwas stocken lassen. Dabei darauf achten, dass die Eier nicht zu fest werden, sondern möglichst cremig bleiben.

Mit der übrigen Butter die Brotscheiben schmieren. Das Ei gleichmäßig auf dem Brot verteilen, mit etwas gehackten Kapern bestreuen und in Rautenform jeweils vier Anchovisfilets darauflegen. Mit frisch gehackter Petersilie bestreuen und möglichst warm servieren.

STARTERS

Slumber Inc.
PHILIPS
C-90
low noise
2
World's Greatest Marches

STEAK-CANAPÉS

Im Roman *Diamantenfieber* (1956) macht Bond im Zuge seiner Ermittlungen in einem groß angelegten Diamantenschmuggelfall die Bekanntschaft der ebenso hinreißenden wie durchtriebenen Tiffany Case. Während der Überfahrt von New York nach Southampton an Bord der *Queen Elizabeth* klopft es abends an Bonds Kabinentür und der Steward bringt ihm ein Tablett mit einer Piccolo-Flasche Champagner, Roastbeef-Canapés und einem kleinen Schälchen Sauce Béarnaise – die Tiffany selbst zubereitet hat, ohne Hilfe des Küchenchefs, wie aus der Notiz hervorgeht, die dem unerwarteten Mahl beiliegt. Ein unmissverständlicher Hinweis darauf, dass Tiffany mehr im Sinn hat als nur eine flüchtige Affäre, da Bond ihr zuvor erklärt hat, dass für ihn als Gattin nur eine Frau infrage käme, die »genauso gut lieben wie Sauce Béarnaise zubereiten kann.« 007 schmeckt die Soße nach eigenem Bekunden hervorragend. Trotzdem habe ich mich bei diesem Rezept ganz bewusst gegen die Béarnaise entschieden, da die kräftigen Aromen von Estragon und Kerbel den feinen Geschmack des Roastbeefs zu stark überdecken würden. Stattdessen gibt´s dazu Röstzwiebeln und frisch geriebenen Meerrettich. Das ist vielleicht nicht ganz nach Bonds Geschmack, aber andererseits will ich 007 trotz aller Bewunderung ja auch nicht vor den Traualtar zerren, so wie Miss Case, sondern Ihnen lediglich die leckerste Variante dieses vielseitigen Gerichts nahebringen. Und das ist meiner bescheidenen Meinung nach nun einmal diese. Sorry, Tiffany!

ZUTATEN

Für 4-5 Portionen

1 kleines Baguette, möglichst frisch

60 g gesalzene Butter, leicht aufgeweicht

Etwas frischer Rucola

200 g Roastbeef, in Scheiben

10 g Röstzwiebeln (fertig)

Etwas Meerrettich, frisch gerieben

Außerdem erforderlich

Küchenhobel

ZUBEREITUNG

Den Rucola abspülen und mit Küchenpapier gründlich trocken tupfen.

Das Baguette aufschneiden, die Stücke mit der aufgeweichten Butter bestreichen und jeweils mit 2-3 Blättern Rucola belegen. Je eine in der Mitte gefaltete Scheibe Roastbeef darauf geben und ein paar Röstzwiebeln darüberstreuen. Etwas frischen Meerrettich darüber hobeln und sofort servieren.

STOLICHNAYA
THE ORIGINAL
Stolichnaya vodka
MADE WITH
CERTIFIED ALPHA GRADE
SPIRIT
ESTD 1938
ZUKOVSKY

KAVIARSANDWICHES

Wenn es etwas gibt, das man im selben Maße mit Bond assoziiert wie Wodka oder Champagner, dann ist es das, was man am besten *zusammen* mit Wodka oder Champagner genießt – Kaviar! Genau wie Rührei mit Speck gehört Kaviar zu Bonds absoluten Leibspeisen. Besonders in den Filmen scheint es oft, als würde 007 sich ausschließlich von den delikaten Fischeiern ernähren, jedoch stets pur, niemals als Bestandteil eines Gerichts. Dabei gibt es zahlreiche köstliche Möglichkeiten, Kaviar zu verarbeiten (und ihn so vielleicht auch Menschen näher zu bringen, die daran weniger Gefallen finden als 007). Im Roman *Goldfinger* z. B. setzt Bond dem Schurken Auric Goldfinger mächtig zu. Abgesehen davon, dass Bond Goldfinger seine Mätresse Jill Masterton ausspannt, zwingt er ihn, für ihn ein Zugabteil im *Silver Meteor* nach New York zu buchen, wo »eine Flasche Champagner auf Eis und jede Menge Kaviarsandwiches« bereitstehen sollen. »Vom besten Kaviar!«, verlangt Bond – und das aus triftigem Grund, denn die Qualität spielt bei Kaviar eine elementare Rolle! Besserer Kaviar ist vielleicht ein bisschen teurer, aber die Investition lohnt sich. Es muss ja nicht unbedingt Beluga sein – um sich den leisten zu können, muss man *tatsächlich* erst einmal die Goldreserven von Fort Knox rauben!

ZUTATEN

Für 3-4 Portionen

60 g Kaviar

2-3 Schalotten, sehr fein gehackt

3 Eier

100 g Crème Fraîche

3-4 EL weiche Butter

Etwas frischer Schnittlauch, fein gehackt

8 Scheiben möglichst dünnes weißes Toastbrot

Frisch gemahlener schwarzer Pfeffer

Salz

Außerdem erforderlich

Gummispatel, Eiswürfel

ZUBEREITUNG

In einer kleinen Schüssel die Crème Fraîche, die Schalotten, den Pfeffer und das Salz vermengen. Mit einem Gummispatel einige Minuten lang kräftig rühren, damit alle Zutaten gründlich miteinander vermischt sind und das Ganze geschmeidig und gut streichbar ist. Beiseitestellen.

In einem kleinen Topf bei großer Hitze Wasser zum Kochen bringen. Die Eier mit einem Schöpflöffel oder einer Suppenkelle vorsichtig in das Wasser geben; dabei darauf achten, dass die Schale nicht bricht. Die Eier 7 Minuten hart kochen.

In der Zwischenzeit kaltes Wasser und Eiswürfel in eine separate Schüssel geben. Sobald die Eier fertig sind, ins Eiswasser legen und darin komplett abkühlen lassen. Die Eier dann vorsichtig aufschlagen, abpellen und grob hacken. Beiseitestellen.

Das Toastbrot leicht goldbraun toasten. Die Hälfte der Toastscheiben auslegen. Jeweils eine Seite des warmen Toasts mit einer dünnen Schicht weicher Butter bestreichen. Darauf gleichmäßig in einer ebenso dünnen Schicht die Schalottencreme verstreichen. Nun eine gleichmäßige Schicht gehackte Eier darauf verteilen. Jeweils einen guten Klecks Kaviar in die Mitte geben. Mit etwas frischem Schnittlauch bestreuen.

Jeweils eine der übrigen Toastscheiben auf jede der garnierten Scheiben legen und behutsam andrücken. Mit einem sehr scharfen Messer vorsichtig quer halbieren, damit die Füllung nicht herausquillt.

GARNELENCOCKTAIL

Früher – genauer gesagt: von den 1960ern bis in die 1980er Jahre – waren Krabbencocktails vor allem in den Vereinigten Staaten und Großbritannien als exklusive Vorspeise und mondäner Partysnack der letzte Schrei. Kein Wunder, dass auch James Bond nicht um diesen kulinarischen Klassiker herumkommt: In *Der Mann mit dem goldenen Colt* (1965), dem zwölften und letzten 007-Roman aus der Feder von Ian Fleming, führen gewisse Umstände dazu, dass der Geheimagent auf Jamaika in den Diensten des Profikillers Francisco »Pistols« Scaramanga landet: Bei einem Treffen potenzieller Unterwelt-Investoren für Scaramangas neues Hotelprojekt soll Bond für die nötige »Sicherheit« sorgen. Beim Mittagessen sitzt Bond dann später mit »Mr. Paradise« und »Mr. Rotkopf« am Tisch, zwei zwielichtigen Geschäftsleuten, die »entweder mit der Mafia oder dem KGB oder beiden unter einer Decke steckten, (…) und während sie sich durch den Krabbencocktail, das Steak und den Obstsalat aßen, die in amerikanisierten Hotels im Ausland standardmäßig angeboten wurden, diskutierten Bond und [Mr. Paradise] gut gelaunt über die unterschiedlichen Chancen beim Roulette mit einer und mit zwei Nullen.« Hierzulande wird dieses Gericht in Restaurants anstatt mit Nordseekrabben meist mit den leider fast geschmacksneutralen (im Einkauf aber deutlich billigeren) Tiefseekrabben serviert. In dieser Hinsicht kann Bond sich glücklich schätzen, dass die Story in der Karibik spielt, wo dieser Cocktail vorzugsweise mit Tigergarnelen zubereitet wird. Da diese hierzulande jedoch relativ schwer zu bekommen sind, nehmen wir stattdessen King Prawn-Riesengarnelen – aromatisch ein guter Kompromiss.

ZUTATEN

Für 4 Portionen

50 g Belugalinsen
30 g Rucola
1 kleine Dose Ananas, in Stücken
1 reife Avocado
3 EL Zitronensaft
Salz
½ Salatgurke
100 ml Cocktailsoße (fertig)
1 Prise schwarzer Pfeffer
1 TL Currypulver
200 g Garnelen (Kühlfach)
1 Prise Chiliflocken (optional)

ZUBEREITUNG

Die Belugalinsen über Nacht in Wasser einweichen. Danach gründlich abgießen.

Die Linsen in 100 ml Wasser bei niedriger Hitze ca. 30 Minuten in einem kleinen Topf garen, anschließend etwas auskühlen lassen. Den Rucola waschen, trockenschleudern und grob hacken. Die Ananasstücke aus der Dose abgießen; den Saft auffangen.

Die Avocado halbieren, den Kern entfernen, das Fruchtfleisch aus den Schalen lösen und in feine Würfel schneiden. Mit 2 EL Zitronensaft beträufeln und etwas salzen. Die Gurke waschen, längs halbieren, die Kerne mit einem kleinen Löffel entfernen und die Gurke fein stifteln.

In einer kleinen Schüssel die fertige Cocktailsoße mit 1 EL Zitronensaft und 2 EL Ananassaft vermengen. Mit Salz, Pfeffer und Currypulver würzen und alles gut miteinander verrühren.

Die einzelnen Zutaten in vier Cocktailschalen anrichten: unten den Rucola, dann die Belugalinsen, darauf die Avocadowürfel, die Ananasstücke und die Gurkenstifte. Mit etwas Cocktailsoße beträufeln. Jeweils ein halbes Dutzend Garnelen darauf verteilen, großzügig mit Cocktailsoße übergießen. Optional mit Chiliflocken bestreuen und sofort servieren.

GEFÜLLTE CHAMPIGNONS

In Ian Flemings Bond-Romanen spielt das Essen eine zentrale Rolle. Kein Wunder, war der Autor selbst doch für seinen erlesenen Geschmack und sein großes Interesse an Kulinarik bekannt. Dies spiegelt sich auch in seinen Werken wider. Die Erzählung »007 in New York« beispielsweise, 1966 posthum in dem Sammelband *Octopussy* erschienen, ist im Grunde nichts anderes als eine einzige kulinarische Reise durch das New York der 1950er Jahre, angereichert mit Beschreibungen des Big Apple selbst. Die Story? Nebensache! Zu den Büchern, in denen am meisten geschlemmt wird, gehören *Goldfinger* (1959), *Diamantenfieber* (1956) – und *Der Mann mit dem goldenen Colt* (1965). So serviert Nick Nack, der kleinwüchsige, hinterlistige Diener des Profikillers Scaramanga, seinem Herrn, Bond und der leicht bekleideten Miss Mary Goodnight in der Verfilmung von 1974 u.a. Kalamata-Salat mit griechischen Oliven, Pastete, Charcuterie und »schrecklich interessant aussehende« geschmorte Pilze ... Vielleicht hätten die beiden Männer ihre Differenzen ja überwunden, wenn Nick Nack ihnen stattdessen gefüllte Champignons kredenzt hätte? Vielleicht auch nicht. Doch in jedem Fall wären die Pilze durch die Zugabe von Speck, pikantem Frischkäse, Cheddar und frischem Schnittlauch, wie bei diesem Rezept, zumindest um einiges schmackhafter ausgefallen!

ZUTATEN

Für 8 Champignons

8 Riesenchampignons, möglichst frisch

1 Schalotte, fein gehackt

100 g Schinkenwürfel

150 g Frischkäse »Barbecue« (oder anderer, nach Belieben)

Schwarzer Pfeffer

80 g Cheddar, gerieben

Etwas Schnittlauch, frisch gehackt

ZUBEREITUNG

Den Backofen auf 200° C vorheizen. Ein Backblech mit Backpapier auslegen.

Die Champignons putzen. Mit einem kleinen, scharfen Messer die Stiele entfernen und das Innere behutsam ein wenig auskratzen, um einen möglichst großen Hohlraum zu schaffen.

In einer kleinen Schüssel die Schalotte, die Schinkenwürfel und den Frischkäse miteinander vermengen. Mit etwas schwarzem Pfeffer würzen. Jeden Champignon gleichmäßig mit der Mischung befüllen und die Oberseiten glattstreichen. Großzügig den geriebenen Cheddar darauf streuen.

Auf das Backblech geben und für ca. 6-8 Minuten in den Ofen schieben, bis die Champignons leicht gebräunt sind und der Käse geschmolzen ist.

Aus dem Ofen nehmen, kurz abkühlen lassen und mit frisch gehacktem Schnittlauch bestreuen. Sofort servieren!

KAVIAR MIT BLINIS

Es muss nicht immer Kaviar sein lautet der Titel eines 1960 erschienenen Bestsellers des österreichischen Schriftstellers Johannes Mario Simmel (1924–2009) – eine Aussage, der Bond wohl energisch widersprechen würde! Schließlich ist Kaviar ebenso ein Synonym für 007 wie Wodka Martini, Ashton Martin und Walther PPK. Besonders in den Filmen hat es den Anschein, als würde 007 sich allein von Kaviar wechselnder Marken ernähren, im Idealfall natürlich von Beluga, dem Rogen des Beluga-Störs. Obwohl diese Stör-Art auch als Speisefisch gefangen wird, dient er hauptsächlich der Kaviar-Gewinnung – kein Wunder, wenn man bedenkt, dass 1 kg Beluga-Kaviar für fast 10.000 US-Dollar gehandelt wird, ein ausgewachsener Beluga-Stör aber schon für 100 US-Dollar zu haben ist. Dabei ist der Beluga entgegen landläufiger Meinung nicht einmal der teuerste Kaviar der Welt – diese zweifelhafte Ehre gebührt dem Almas aus Iran, der so kostbar ist, dass er nur in Dosen aus 24-karätigem Gold nebst passendem Löffel angeboten wird. Pro Jahr werden bloß 20 kg dieser Spezialität gewonnen, von denen jedes einzelne ca. 40.000 US-Dollar kostet. Früher war der Almas deswegen allein den chinesischen Kaisern, russischen Zaren und den italienischen Päpsten vorbehalten. Wer gegen dieses ungeschriebene Gesetz verstieß, büßte dafür mit dem Verlust seiner rechten Hand. Vielleicht sollte Dr. No seine Geschichte darüber, wie er seine Griffel verlor, noch einmal überdenken ...

ZUTATEN

Für 4 Portionen (ca. 15 Blinis)

150 g Buchweizenmehl
100 g Mehl (Typ 550)
½ Würfel Hefe (ca. 20g)
350 ml lauwarme Milch
100 g Butter, geschmolzen
2 Eier
Salz
100 g Kaviar
250 g Saure Sahne
1 EL Zitronensaft
Etwas frischer Dill, als Garnitur (optional)

Außerdem erforderlich

Soßenkelle

ZUBEREITUNG

Das Buchweizenmehl und das normale Mehl in einer großen Schüssel miteinander vermischen. Eine Mulde in das Mehl drücken und die Hefe hineinbröckeln. Die lauwarme Milch in die Mulde gießen, alles mit einer Gabel verrühren und mit Frischhaltefolie abgedeckt an einem warmen Ort 30 Minuten gehen lassen.

Die Hälfte der geschmolzenen Butter, die Eier und eine gute Prise Salz zum Teig geben. Alles gut miteinander verrühren und nochmals abgedeckt ca. 2-3 Stunden gehen lassen.

In einer beschichteten Pfanne bei mittlerer Hitze etwas von der restlichen Butter heiß werden lassen. Mit einer Soßen- oder Schöpfkelle gerade so viel Teig pro Blini in die Pfanne geben, dass man kleine Küchlein von ca. 8-10 cm Durchmesser erhält. Die Blinis langsam ausbacken. Dabei darauf achten, wenn sich an der Oberfläche kleine Löcher bilden; dann mit etwas Butter bestreichen und wenden. Ca. 3-4 Minuten von dieser Seite ausbacken. Die fertigen Blinis bis zum Servieren bei 75° C im Ofen warmhalten.

Die Saure Sahne mit etwas Salz und Zitronensaft in einer kleinen Schüssel cremig rühren. Die warmen Blinis mit jeweils einem Klecks Sahne und einem Löffel Kaviar genießen. Optional mit etwas frischem Dill garnieren.

Dazu passen hervorragend fein gehackte Schalotten sowie geriebenes Eiweiß und Eigelb.

AUSTERN IM SPECKMANTEL

In *Dr. No* (1958), dem sechsten 007-Roman aus der Feder von Ian Fleming (der zugleich die Vorlage für den ersten »richtigen« Kinofilm rund um den Agenten mit der Lizenz zum Töten war), geht Bond auf Jamaika dem rätselhaften Verschwinden eines leitenden Secret Service-Mitarbeiters und seiner Sekretärin nach. Dabei gerät er zusammen mit der bezaubernden Honeychile »Honey« Rider in die Fänge des heimtückischen Dr. No, der ihnen beim Abendessen in seinem Versteck im Innern eines Berges auf Crab Key in klassischer Superschurken-Manier von seinem diabolischen Plan berichtet, die Raketenversuche der USA mit Hilfe von Störsendern zu sabotieren, ehe er 007 durch einen Hindernisparcours voller fieser Fallen schickt, um seine »Leidensfähigkeit« zu testen – bloß gut, dass Bond sich zuvor u. a. mit Kaviar, gegrillten Lammkoteletts und Austern im Speckmantel gestärkt hat!

ZUTATEN

Für 4 Portionen

12 frische Austern
1 EL Zitronensaft
4 Scheiben Frühstücksspeck
Chilifäden

Für die scharfe Soße

5 EL Tomatenketchup
5 EL Chilisauce
2 EL Ajvar
1 kleine Schalotte, fein gehackt
1 Knoblauchzehe, gepresst

Außerdem erforderlich

Austernmesser, 4 Häppchenlöffel

ZUBEREITUNG

Die Austern gründlich putzen und am besten mit einem Austernmesser öffnen. Die obere Schalenhälfte entsorgen, das Austernfleisch mit dem Messer behutsam von der Schale lösen und die untere Schalenhälfte ebenfalls entsorgen. Die Austern in eine kleine Schüssel geben und mit dem Zitronensaft beträufeln.

Den Backofen auf 180° C Oberhitze vorheizen. Ein Backblech bereitstellen.

Die Speckscheiben auf der Arbeitsfläche ausbreiten. Jeweils einen Klecks scharfe Soße in die Mitte geben und drei Austern darauf verteilen. Den Speck zu mundgerechten Röllchen zusammenrollen.

Jeweils einen Klecks Soße auf jeden Servierlöffel geben, das Austern-Speck-Röllchen darauf platzieren, die Löffel aufs Backblech stellen und für 2-3 Minuten auf der obersten Schiene in den Backofen geben. Die Löffel vorsichtig aus dem Ofen nehmen, kurz abkühlen lassen und mit einigen Chilifäden garniert servieren.

Die scharfe Soße zubereiten
In einer kleinen Schüssel den Tomatenketchup, die Chilisauce und das Ajvar vermischen. Die Schalotte und den Knoblauch hinzugeben und gut durchrühren. Locker mit Frischhaltefolie abgedeckt mindestens 1 Stunde im Kühlschrank ziehen lassen. Vor dem Verwenden gründlich durchrühren.

SECRET INTELLIGENCE SERVICE
MI6 SECURIT
UROPE
AGENT REPORTS : EAS
TOP
Y.N.N.
VALUE
REVIEW
INFO.
SECRET
CONFIRM
FILE TRT
LEGIT.
EYES
SECT A
STATISTICS
PETS
UNIT 1
SECT B
V.P.R.
COPY
UNIT 2
SECT C
P.P.Q.
CODING
AVE THE PREMISES

QS SANDWICH

Im Film *GoldenEye* (benannt nach Ian Flemings Ferienhaus auf Jamaika) übernahm erstmals Pierce Brosnan die Rolle des smarten MI6-Agenten. Ursprünglich war für diesen Film eigentlich erneut Timothy Dalton vorgesehen, der nach *Der Hauch des Todes* (1987) und *Lizenz zum Töten* (1989) noch für eine weitere Produktion unter Vertrag stand. Doch durch Rechtsstreitigkeiten wurde das Projekt immer wieder verschoben, bis Dalton schließlich genervt ausstieg. Daraufhin wurden Probeaufnahmen mit zehn neuen potenziellen Hauptdarstellern durchgeführt. Am Ende bekam Brosnan den Part, der Bond eigentlich bereits in *Der Hauch des Todes* spielen sollte. Allerdings ließ der Medienrummel aufgrund von Brosnans Casting als 007 seinerzeit das Interesse an der TV-Serie *Remington Steele* wieder aufflammen, für die der Ire damals noch unter Vertrag stand, sodass die Fernsehproduzenten darauf bestanden, weitere Folgen mit ihm zu produzieren, weshalb Brosnan letztlich auf die Rolle verzichten musste. Fest für *GoldenEye* gesetzt war dagegen von Anfang an Publikumsliebling Desmond Llewelyn (1914–1999), der den Part des Major Boothroyd, Leiter der Abteilung Q, seit *Liebesgrüße in Moskau* (1963) verkörperte. Zu seinen Markenzeichen als Q gehörte es, sich ständig darüber zu echauffieren, wie respektlos Bond mit den kostspieligen »Spielzeugen« umgeht, die der Secret Service ihm zur Verfügung stellt. Als 007 ihm in *GoldenEye* einen Besuch im Labor abstattet, wo Q ihm u. a. einen Kletterhaken-Gürtel und einen Sprengstoffkugelschreiber demonstriert, vergreift Bond sich mit den Worten »Und was ist das hier?« an einem Sandwich, das Q ihm mit den Worten entreißt: »He! Nehmen Sie Ihre Finger da weg! Das ist mein Mittagessen!« Na, dann: Guten Appetit!

ZUTATEN

Für 4 Portionen

500 g Thüringer Mett
1 Knoblauchzehe, fein gehackt
1 Schalotte, fein gehackt
3 EL Semmelbrösel
1 Ei
Salz, Pfeffer
1 EL Chilipulver
1 EL Italienische Kräuter
Etwas frische Petersilie, fein gehackt
2 EL Olivenöl
200 g Pizzatomaten
1 kleine Prise Zucker
4 kleine Baguettes (frisch oder aufgebacken)
150 g Cheddar, gerieben

ZUBEREITUNG

Das Thüringer Mett, den Knoblauch, die Schalotte, die Semmelbrösel und das Ei in eine Schüssel geben und gut miteinander vermischen. Kräftig mit Salz, Pfeffer, Chilipulver, den Italienischen Kräutern und der Petersilie würzen und alles zu einem gut formbaren »Teig« verarbeiten. Die Fleischmasse abschmecken und daraus ca. 20 mundgerechte Bällchen formen.

Den Backofen auf 180° C Oberhitze vorheizen. Ein Backblech mit Backpapier auslegen.

In einer Pfanne 2 EL Öl erhitzen und die Hackbällchen darin bei mittlerer Hitze unter regelmäßigen Wenden ringsum goldbraun braten. Herausnehmen und beiseitestellen. Stattdessen die Pizzatomaten in dieselbe Pfanne geben, kurz anschwitzen, salzen und pfeffern und eine kleine Prise Zucker hinzufügen. Die Hackbällchen wieder mit hineingeben, mit der Soße bedecken und bei niedriger Hitze 5 Minuten garen.

Unterdessen die Baguettes waagerecht halbieren, aber nicht komplett durchschneiden! Jeweils mittig aufklappen, mit einem Löffel gleichmäßig etwas von der Tomatensoße darauf verteilen, auf der Soße in regelmäßigen Abstände mehrere Fleischbällchen platzieren und großzügig mit geriebenem Cheddarkäse bestreuen.

Vorsichtig auf das vorbereitete Backblech legen und auf der obersten Schiene für 2-3 Minuten in den Ofen schieben bzw. so lange, bis der Käse geschmolzen ist. Aus dem Ofen nehmen, kurz abkühlen lassen und dann sofort servieren.

BOLLINGER
Slumber Inc.
KENT
KENT

KREBSFLEISCH-RAVIGOTE

»Hören Sie, Bond«, sagt die ebenso attraktive wie scharfzüngige (und undurchschaubare) Diamantenschmugglerin Tiffany Case im Roman *Diamantenfieber* (1956) zu 007, »es braucht schon mehr als Krabbenfleisch mit Sauce Ravigote, damit mich ein Mann ins Bett kriegt. Außerdem bezahlen Sie die Rechnung, also werde ich Kaviar nehmen und das, was ihr Engländer als ›Kotelett‹ bezeichnet, und Rosé-Champagner.« Vielleicht wäre ihre Wahl anders ausgefallen, wenn diese Krebsfleisch-Ravigote auf der Speisekarte gestanden hätte! Denn diese aromatische Variante einer Kräutermayonnaise ist zwar eine Abwandlung der klassischen französischen Vinaigrette, passt anstatt zu Salaten jedoch eher zu rotem Fleisch oder eben Krusten- und Schalentieren. Bei diesem Rezept richten wir beides zu köstlichen Canapés an, mit denen Bond die gute Tiffany mit Sicherheit dorthin gekriegt hätte, wo er sie vom ersten Moment an haben wollte: ins Lotterbett!

ZUTATEN

Für 4 Portionen

1 EL Rotweinessig
Salz
Schwarzer Pfeffer
2 EL Olivenöl
2 EL frischer Kerbel, fein gehackt
2 EL frische Petersilie, fein gehackt
2 EL frischer Schnittlauch, fein gehackt
1 EL frischer Estragon, fein gehackt
1 Schalotte, fein gehackt
2 Sardellenfilets, fein gehackt
1 TL Kapern, fein gehackt
1 EL Senf (mittelscharf)
2 EL Mayonnaise
12 Schwarzbrottaler
200 g Krebsfleisch (Kühlfach)

ZUBEREITUNG

Den Rotweinessig zusammen mit etwas Salz und Pfeffer in eine Schüssel geben und so lange mit einem Schneebesen verquirlen, bis sich das Salz vollständig aufgelöst hat. Nun in zwei Chargen (jeweils 1 EL auf einmal) das Olivenöl dazugeben und so lange rühren, bis alle Zutaten gut miteinander verbunden sind.

Die gehackten Kräuter, die Schalotte, die Sardellenfilets, die Kapern, den Senf und die Mayonnaise dazugeben und alles gut miteinander verrühren. 15 Minuten durchziehen lassen. Anschließend abschmecken und ggf. nachwürzen.

Jeweils einen Klecks Sauce Ravigote auf jeden der Schwarzbrottaler geben und mit etwas Krebsfleisch krönen.

LUNCH

Stolichnaya
vodka

STEAK TATAR

Im Roman *Liebesgrüße aus Moskau* (1957) isst Bond mit seinem türkischen Kontaktmann Kerim Bey in einem schicken Restaurant am Ufer des Bosporus zu Mittag. Während die Männer ungeachtet der noch recht frühen Stunde reichlich Rotwein und Raki konsumieren, wird als erster Gang Sardinen *en papilotte* serviert. Allerdings kann der groß angepriesene Fisch Bond nicht so recht überzeugen. Der zweite Gang, ein Lammkebab mit geräuchertem Speck und Zwiebeln, sagt ihm dagegen schon deutlich mehr zu. Derweil genießt Kerim Bey eine Art Steak Tatar »aus fein gehacktem rohem Fleisch, gewürzt mit Pfeffer und Eigelb«, das auch Bonds Gefallen findet – und das umso mehr, als Kerim erklärt: »Das sollten Sie jeden Tag essen. Denn es ist gut für die, die viel Liebe machen wollen!« Ob das zutrifft, lassen wir einfach mal dahingestellt. Bei meiner Tatar-Version gebe ich außerdem ganz traditionell noch fein gehackte Schalotten und Gewürzgurken dazu, um für mehr aromatische Abwechslung zu sorgen. Wichtig dabei ist, die einzelnen Zutaten erst am Tisch miteinander zu vermengen, niemals schon vorher! Stechen Sie dann zum Verzehr das Eigelb an und drücken Sie es behutsam in das Fleisch. Streuen Sie anschließend nach Belieben Schalotten, zerstoßenen Pfeffer und Gurkenstückchen darüber und vermischen Sie alles gut miteinander. Dazu passen hervorragend Brot, frischer Salat – und natürlich jede Menge Raki, Ouzo oder, wie in Bonds Fall, Wodka.

ZUTATEN

Für 4 Portionen

500 g Rinderfilet, fein gewürfelt
Salz
Schwarzer Pfeffer
1 EL Rapskernöl
2 Schalotten, fein gehackt
1 EL Meerrettichfäden
10 ml Cognac
Etwas Petersilie, fein gehackt
4 Eigelb
2 Essiggurken, fein gewürfelt
1 kleines Gläschen Kapern (Nonpareilles), abgetropft

Außerdem erforderlich

Servierring

ZUBEREITUNG

Das Rinderfilet mit einem großen, scharfen Messer in feine Würfel schneiden (bzw. bereits gewolftes Fleisch kaufen) und in eine Schüssel geben. Kräftig mit Salz und Pfeffer würzen. Das Öl, die Hälfte der Schalotten, die Meerrettichfäden, den Cognac und die gehackte Petersilie unterheben, alles gründlich miteinander vermengen und bis zum Anrichten im Kühlschrank kaltstellen.

Die übrigen Schalotten in einem Topf mit gesalzenem Wasser blanchieren, durch ein Sieb abgießen und unter fließend kaltem Wasser abschrecken.

Mit einem Servierring jeweils eine Portion Tatar auf einen großen, flachen Teller oder eine Servierplatte häufen. Oben mit den Fingern behutsam eine flache Vertiefung ins Fleisch drücken und vorsichtig je ein intaktes Eigelb hineingeben. Ringsum die fein gehackten Essiggurken, die abgetropften Kapern und die blanchierten Schalotten platzieren. Zusammen mit Brot und frischem Salat servieren.

HÜHNCHEN-GRANATAPFEL-SALAT

In der Erzählung »Die Hildebrand-Rarität«, die 1960 zusammen mit vier anderen Geschichten in dem Sammelband *In tödlicher Mission* erschien, ist James Bond als »Unterwasserexperte« mit dem arroganten Hotel-Millionär Milton Krest auf seiner Jacht, der *Wavekrest*, auf den Seychellen unterwegs. Zur Legitimation seiner Stiftung, deren Gemeinnützigkeit von der US-Steuerbehörde – zu Recht – angezweifelt wird, soll Krest die sogenannte »Hildebrand-Rarität« fangen, einen seltenen Fisch, um so »einen herausragenden wissenschaftlichen Erfolg« zu präsentieren. Zwar gelingt ihm dies dank Bonds Hilfe tatsächlich, doch dem Millionär bleibt wenig Zeit, sich darüber zu freuen, denn wenig später wird er tot aufgefunden: erstickt mit seinem kostbaren Fund. Damit stellt sich die Frage: Wer hat ihn ermordet? Seine Frau, »die fünfte Mrs. Krest«, die er gern mit seiner Stachelrochenpeitsche gefoltert hat, oder Bonds Vertrauter Fidele Barbey, der strikt gegen das Fangen der »Hildebrand-Rarität« war? Die Geschichte lässt dies offen. Sicher dagegen ist, dass Bond an Bord der *Wavekrest* Geflügelsalat zum Lunch hat, während sich Krest lieber drei doppelte Bullshots gönnt – Wodka in eisgekühlter Rinderbrühe. Übrigens, wem der Name Milton Krest bekannt vorkommt: So heißt einer der Schurken im Bond-Film *Lizenz zum Töten* (1989), der ein ausgesprochen unschönes Ende findet, als ihm – eingesperrt in der Dekompressionskammer seiner Jacht – aufgrund des extremen Unterdrucks der Schädel platzt. In diesem Sinne: Bon Appétit!

ZUTATEN

Für 2 Portionen

2 EL Olivenöl

1 EL Zitronensaft

Etwas frischer Thymian, grob gehackt

Pfeffer, Salz

2 EL Butter

1 rote Zwiebel, fein gewürfelt

300 g Hähnchenbrust, in mundgerechten Streifen

150 g Feldsalat

50 g Granatapfelkerne

Für die Croutons

2 Scheiben Bauernbrot

1 Knoblauchzehe, fein gehackt

ZUBEREITUNG

In einer kleinen Schüssel das Olivenöl, den Zitronensaft und den Thymian miteinander vermischen und mit Salz und Pfeffer würzen. Beiseitestellen.

Die Butter bei großer Hitze in einer Pfanne schmelzen und die Hühnerbruststreifen darin ringsum scharf anbraten. Zum Ende der Garzeit die Zwiebelwürfel dazugeben und kurz mit andünsten. Mit Salz und Pfeffer würzen. Aus der Pfanne nehmen und zum Abkühlen beiseitestellen.

Den Salat putzen, waschen und in eine große Servierschüssel geben. Mit der Thymian-Marinade vermischen. Die Granatapfelkerne, die angebratenen Zwiebeln und die Hühnchenbruststreifen hinzufügen und alles gut durcheinanderwerfen. Mit den selbstgemachten Croutons bestreuen und sofort servieren.

Die Croutons zubereiten
Die Rinde vom Brot entfernen, das Brot in kleine Würfel schneiden. Den Knoblauch in dem heißen Fett, das nach dem Anbraten des Hühnchens noch in der Pfanne ist, andünsten. Die Brotwürfel in der flüssigen Knoblauchbutter schwenken und ringsum kross anrösten (ca. 3-4 Minuten). Auf einen mit Küchenpapier ausgelegten flachen Teller geben, damit das überschüssige Fett abtropfen kann.

AUSTERN-EINTOPF

Wie Bond in der Story »007 in New York« (1966 posthum in der Kurzgeschichtensammlung *Octopussy* erschienen) sinniert, in der es den Briten in den Big Apple verschlägt, um eine ehemalige Secret Service-Mitarbeiterin davor zu warnen, dass die amerikanischen Geheimdienste CIA und FBI kurz davor sind, hinter ihre wahre Identität zu kommen, ist die US-Millionenmetropole nicht mehr das, was sie früher einmal war. »Heutzutage«, findet Bond, sind die Bars und Restaurants voller Geschäftsleute mit hässlichen, überteuren Anzügen und fetten Bankkonten: »Früher wäre er [zum Mittagessen] ins ›21‹ gegangen, aber die Spesenaristokratie hatte inzwischen selbst diese Festung des ehemals guten Geschmacks erobert, was zu höheren Preisen und – weil sie gut nicht von schlecht unterscheiden konnten – schlechterem Essen geführt« habe. Ein Glück, dass es in der Grand Central Station Bond zufolge nach wie vor »die wohl beste Mahlzeit in ganz New York« gibt – Austern-Eintopf mit Sahne, Crackern und einem eiskalten Miller-Bier. Woran sich in den sechzig Jahren, die vergangen sind, seit Ian Fleming die Geschichte schrieb, nichts geändert hat: Auch heute noch gehört die »Grand Central Oyster Bar« auf der unteren Ebene des weltberühmten Bahnhofs in Manhattan zu den mit Abstand besten Restaurants der Stadt!

ZUTATEN

Für 4 Portionen

120 g Schinkenwürfel

3 EL Butter

2 Schalotten, fein gewürfelt

4 Kartoffeln, geschält und gewürfelt

1 Karotte, fein gewürfelt

2 Stangen Staudensellerie, fein gewürfelt

3 EL Mehl

500 l Fischfond

500 ml Weißwein (trocken)

300 ml Sahne

1 Prise Curry

20 Austern, ohne Schale

Salz, Pfeffer

Etwas frische Petersilie, fein gehackt

ZUBEREITUNG

In einem kleinen Topf bei großer Hitze die Schinkenwürfel ausbraten und das Fett abgießen.

In einem größeren Topf bei mittlerer Hitze die Butter zerlassen und die Schalotten anschwitzen. Die Kartoffeln, die Karotte und den Sellerie dazugeben und scharf anbraten. Mit einem Stabmixer grob pürieren. Das Mehl hinzufügen und alles sorgsam zu einer glatten Mehlschwitze verarbeiten. Nach und nach mit dem Fischfond, dem Weißwein und der Sahne aufgießen, jeweils gründlich verrühren, bis das Ganze eine cremige, nicht zu flüssige Suppe ergibt, mit etwas Curry würzen und leicht aufkochen lassen.

Derweil die Austern waschen, öffnen und aus der Schale entfernen. Die Schalen entsorgen. Die Austern mit in den Topf geben und bei geringer Hitze 20 Minuten sanft köcheln lassen. Unmittelbar vor dem Anrichten die Schinkenwürfel unterrühren. Mit Salz und Pfeffer abschmecken.

In Suppentassen füllen, mit etwas frisch gehackter Petersilie bestreuen und sofort servieren.

SECRET INTELLIGENCE SERVICE
MI6
NAME:
CLASS:
SERIAL:
ZORIN
INTERNATIONAL
Pay to the Order of

QUICHE DE CABINET

Anders als in den literarischen Werken rings um den berühmten Geheimagenten spielt Essen in den Bond-Filmen – im Gegensatz zum Trinken – kaum eine Rolle. Zu den wenigen Ausnahmen gehört neben *In tödlicher Mission* (1981) und *Casino Royale* (2006) vor allem *Im Angesicht des Todes* (1985) mit Roger Moore in der Hauptrolle. Während 007 dem mysteriösen Industriellen Max Zorin (Christopher Walken) nachspürt, macht Bond die Bekanntschaft der Geologin Stacey Sutton (Tanya Roberts), für die er mit dem, was er in ihrem Kühlschrank findet, mal eben eine Quiche de Cabinet zaubert – offenbar ist Bond wirklich in *jeder* Disziplin ein Meister! Obwohl, sooo schwer ist das im Grunde gar nicht, denn das Kniffligste beim Backen einer Quiche ist das Zubereiten des Mürbeteigs, und den kann man heutzutage in der Kühltheke jedes Supermarkts finden. Auch bei der Füllung sind Ihrer Phantasie keine Grenzen gesetzt. Denn obwohl eine Quiche de Cabinet im Grunde nichts anderes als eine Abwandlung der klassischen Quiche Lorraine ist (nur eben mit dem, was noch im Vorratsschrank (»de Cabinet«) liegt), können Sie den Teig mit allem füllen, was Ihnen beliebt. Hauptsache, Sie achten darauf, dass die Quiche durch die Füllung nicht zu feucht wird und durchsifft! So lange Sie diesen Rat beherzigen, werden Sie mit diesem Rezept genauso glänzen wie James Bond!

ZUTATEN

Für 4-6 Portionen

Für den Mürbeteig

250 g Mehl zzgl. noch etwas mehr

1 Ei

160 g eiskalte Butter zzgl. noch etwas mehr zum Einfetten der Form

1 Prise Salz

Für die Füllung

Butter, zum Anbraten

100 g Schinkenwürfel

1 Schalotte, fein gewürfelt

1 Stange Porree, in dünnen Ringen

4 große Eier

250 ml Sahne

1 Prise Pfeffer

½ rote Paprika, in schmalen Streifen

½ grüne Paprika, in schmalen Streifen

100 g Käse, gerieben

1 schwarze Olive, entsteint

Außerdem erforderlich

Quicheform (ca. 28-30 cm Ø), Küchenreibe

ZUBEREITUNG

Das Mehl auf die Arbeitsfläche häufen, eine Mulde in die Mitte drücken und das Ei hineingeben. Die eiskalte Butter mit einer Küchenreibe in die Mulde reiben und das Salz hinzufügen. Alle Zutaten mit den Händen zügig zu einem geschmeidigen Teig verkneten. Fest in Frischhaltefolie einschlagen und für 30 Minuten in den Kühlschrank geben.

Den Backofen auf 180° C Ober-/Unterhitze vorheizen.

In einer Pfanne in ein wenig Butter bei mittlerer Hitze die Schinkenwürfel anbraten. Die Schalotten und den Porree mit in die Pfanne geben und 3-4 Minuten andünsten.

Unterdessen den Mürbeteig mit einem Nudelholz auf der leicht mit Mehl bestreuten Arbeitsfläche dünn ausrollen. Den Teig in eine mit Butter eingefettete Quicheform geben und am Boden und an den Rändern fest andrücken.

Den Inhalt der Pfanne zusammen mit den Eiern, der Sahne und dem Pfeffer in einer großen Schüssel miteinander verrühren, dann gleichmäßig auf dem Teig verteilen. Großzügig mit dem geriebenen Käse bestreuen und speichenförmig, jeweils abwechselnd, die roten und die grünen Paprikastreifen leicht in den Käse drücken. Die Olive in der Mitte der Quiche platzieren. Für 30 Minuten in den vorgeheizten Ofen geben. Herausnehmen und vor dem Servieren 10 Minuten abkühlen lassen. Erst dann aus der Form lösen und mit einem scharfen Messer wie einen Kuchen aufschneiden. Voilà!

RINDERCONSOMMÉ MIT DREIERLEI EINLAGE

Eine der spektakulärsten Szenen des 24. Bond-Films *Spectre* (2015) – die Verfolgungsjagd im Schnee – wurde im Januar und Februar 2015 in und um Sölden in Österreich gedreht. Die bemerkenswerteste Location ist hierbei zweifellos die futuristische Hoffler-Klinik, wo 007 (Daniel Craig) das erste Mal auf Madeleine Swann (Léa Seydoux) trifft, die geheimnisvolle Tochter des nicht minder rätselhaften Schurken Mr. White. In Wahrheit handelt es sich bei dem markanten Glasbau am Gaislachkogel in 3.048 Höhe allerdings um ein exklusives Speiselokal, das nicht von ungefähr den Namen *ice Q* trägt. Vieles hier erinnert an den Geheimagenten Ihrer Majestät, nicht bloß die ausgesprochen empfehlenswerte Ausstellung »007 Elements«, eine »cineastische Installation« mit neun Räumen auf zwei Ebenen, sondern auch das Menü des mit 2 Hauben und 13 Gault-Millau-Punkten ausgezeichneten Gourmetrestaurants, wo neben Bond-Favoriten wie Steak Tatar und Filet Mignon ebenfalls Klassiker der österreichischen Küche wie u. a. Wiener Schnitzel und auch diese wunderbare Rinderconsommé mit dreierlei Einlage angeboten wird, die mit Sicherheit um einiges schmackhafter ist als der »proteolytische Verdauungsenzym-Shake«, den Bond im Film hier statt des ersehnten Wodka Martinis serviert bekommt.

ZUTATEN

Für 4 Portionen

Für die Rinderconsommé

1 Zwiebel, halbiert, mit Schale
1 Ochsenbeinscheibe (ca. 600 g)
1 l Rinderfond
1 l Wasser
1 EL Salz zzgl. etwas mehr zum Abschmecken
1 EL Pfefferkörner
3 Gewürznelken
2 Lorbeerblätter
1 Möhre, in feine Streifen geschnitten
1 Pastinake, in feine Streifen geschnitten
1 kleines Stück Knollensellerie, in feine Streifen geschnitten
200 g Markklößchen (fertig gekauft)
Pfeffer
Etwas frische Petersilie, fein gehackt

Für die Frittaten

120 g Mehl
1 TL Backpulver
1 Ei
250 ml Milch
1 Prise Salz
125 ml Öl

ZUBEREITUNG

Die Rinderconsommé zubereiten

In einem großen Topf bei großer Hitze ohne Fett die beiden Zwiebelhälften auf den Schnittflächen kräftig anrösten. Die Ochsenbeinscheibe dazugeben und von beiden Seiten scharf anbraten. Mit dem Rinderfond und dem Wasser aufgießen, 1 EL Salz, die Pfefferkörner, die Nelken und die Lorbeerblätter dazugeben. Alles aufkochen, dann die Temperatur auf mittel reduzieren und ohne Deckel 1½ Stunden köcheln lassen. Ggf. entstehenden Schaum ab und zu abschöpfen.

Nach Ende der Garzeit das Fleisch aus der Brühe heben. Die Brühe durch ein feines Sieb passieren, auffangen und nochmals durch ein Sieb geben. Die Julienne (Möhre, Pastinake, Knollensellerie) und die Markklößchen mit in die Brühe geben und alles 10 Minuten köcheln lassen. Mit Salz und Pfeffer abschmecken. Auf Schüsseln verteilen, die Frittaten hinzufügen und **mit etwas frisch gehackter Petersilie bestreut servieren.**

Die Frittaten zubereiten

Das Mehl und das Backpulver durch ein feines Sieb in eine kleine Schüssel geben. Das Ei, die Milch und das Salz hinzufügen und alles zu einem glatten Teig verrühren.

In einer beschichteten Pfanne das Öl erwärmen und jeweils eine Schöpfkelle Teig hineingeben, um die Frittaten dünn auszubacken (ca. 1-2 Minuten pro Seite). Vorsichtig herausnehmen, etwas abkühlen lassen, dann jeden »Pfannkuchen« möglichst fest zusammenrollen, andrücken, mit einem scharfen Küchenmesser in 2-3 cm breite Röllchen schneiden und beiseitestellen.

7150
KENT
KENT

GARNELENCURRY

Im Roman *Goldfinger* von 1959 geht 007 den Machenschaften des exzentrischen Multimillionärs Auric Goldfinger nach, der nicht bloß plant, die Goldvorräte von Fort Knox zu stehlen, sondern auch sonst ein ausgesprochen unehrlicher Bursche ist. So schummelt Goldfinger z. B. chronisch beim Kartenspielen und erleichtert Bond fast um 10.000 US-Dollar, weil er sogar beim Golfen betrügt. Nach dieser legendären Golfpartie, die zu einem wahren Katz-und-Maus-Spiel zwischen den beiden Männern avanciert, lädt Goldfinger den Geheimagenten zum Abendessen zu sich nach Hause ein, wo sein koreanischer Diener Oddjob zunächst seine Martial-Arts-Künste demonstriert, bevor er mit Goldfingers Katze auf dem Arm in der Küche verschwindet – was Bond merklich zögern lässt, als kurz darauf »zwei gelbgesichtige Diener in weißen Kellneruniformen« das Dinner servieren: ein Currygericht mit Reis. Der Gastgeber bemerkt Bonds Zurückhaltung und erklärt grinsend: »Keine Sorge, Mr. Bond. Garnelen, nicht die Katze.« Wollen wir´s hoffen ...

ZUTATEN

Für 4 Portionen

250 g Garnelen, entdarmt und geschält (Kühlfach)

2 EL helles Sesamöl

15 g frischer Ingwer, geschält und fein gehackt

2 Knoblauchzehen, fein gehackt

2 EL gelbe Currypaste

1 TL Kurkumapulver

½ TL Chilipulver

¼ TL Kreuzkümmel, gemahlen

100 ml Weißwein (halbtrocken)

3 EL Limettensaft

300 ml ungesüßte Kokosmilch

Salz

200 g Basmatireis

1 TL Koriander, frisch gehackt

Chilifäden (optional)

ZUBEREITUNG

Die Garnelen unter kaltem Wasser abspülen und auf Küchenpapier abtropfen lassen.

In einem Wok oder einer großen Pfanne bei starker Hitze das Sesamöl erwärmen und die Garnelen, den Ingwer und den Knoblauch unter stetem Rühren 2–3 Minuten scharf anbraten. Die Currypaste, das Kurkumapulver, das Chilipulver und den Kreuzkümmel dazugeben und 1-2 Minuten andünsten. Mit dem Weißwein ablöschen und etwas einreduzieren lassen. Den Limettensaft und die Kokosmilch dazugießen, kurz aufkochen und bei kleiner Hitze 5 Minuten köcheln lassen.

In der Zwischenzeit nach Packungsanleitung in kräftig gesalzenem Wasser den Reis kochen. Ist der Reis fertig, auf Schalen oder tiefe Teller verteilen. Den fein gehackten Koriander unter die Soße heben, Currysoße auf den Reis geben und optional mit Chilifäden bestreuen. Sofort servieren.

TOP SECRET

BOUILLABAISSE

Im Roman *Im Geheimdienst Ihrer Majestät* (1963) wird Bond am Flughafen vom Marseille von einem Taxifahrer namens Marius abgeholt. Als er wissen will, ob die *Bouillabaisse chez Guido* immer noch so gut ist wie früher, entgegnet Marius, sie sei »annehmbar. Aber dieses Gericht ist ohnehin nicht mehr das, was es früher war. Es gibt keine richtige Bouillabaisse mehr, weil im Mittelmeer keine Fische mehr schwimmen. Für die Bouillabaisse muss man das *rascasse* haben, das zarte Fleisch des Skorpionfischs. Heute benutzt man einfach Klumpen aus Dorschfleisch. Der Safran und der Knoblauch sind immer gleich. Allerdings könnte man darin auch die eingelegten Stücke einer Frau essen, und es wäre lecker.« Obwohl wir das einfach mal so dahingestellt lassen, dürfte das folgende Rezept für diesen klassischen provenzalischen Eintopf vermutlich ebenso wenig Marius´ Zustimmung finden wie das von Guido. Doch seien Sie versichert: Das Resultat ist nicht bloß »annehmbar«, sondern absolut köstlich!

ZUTATEN

Für 4-6 Portionen

2 Zwiebeln, fein gehackt
4 Knoblauchzehen, fein gehackt
1 EL Tomatenmark
½ kleine Zucchini, gestiftelt
1 Bund Suppengrün (Möhren, Sellerie, Lauch), grob geschnitten
1 kleine Fenchelknolle, grob geschnitten
200 g Pizzatomaten
750 ml Weißwein
500 ml Fischfond
50 ml Apfelsaft
5-6 Stängel Thymian, abgezupft
5-6 Stängel Bohnenkraut, abgezupft
1 MSP Safran
3 Lorbeerblätter
3-4 Wacholderbeeren
1 kleine getrocknete Chili, fein gehackt
500 g gemischte TK-Fischfilets
300 g frische Miesmuscheln
200 g TK-Meeresfrüchte
½ Bund glatte Petersilie, fein gehackt
5 EL Olivenöl
Salz, Pfeffer

ZUBEREITUNG

In einem großen Topf mit einem kräftigen Schuss Olivenöl die Zwiebeln und den Knoblauch anschwitzen. Dann die Zucchini, das grob geschnittene Suppengemüse und den Fenchel dazugeben und unter regelmäßigem Rühren ca. 5-10 Minuten scharf anbraten. Zwischendurch das Tomatenmark dazugeben und alles gut unterrühren.

Mit etwas Weißwein ablöschen, einkochen lassen und dann den restlichen Wein dazugießen. Die Pizzatomaten, den Fischfond, den Apfelsaft, den Safran, eine kräftige Prise frisch gemahlenen schwarzen Pfeffer, den Thymian, das Bohnenkraut, die Lorbeerblätter, die Wacholderbeeren und die gehackte Chili hinzufügen und ggf. (je nach Topfgröße) mit so viel Wasser auffüllen, dass alles mit Flüssigkeit bedeckt ist. Bei mittlerer Hitze ca. 15-20 Minuten ohne Deckel köcheln lassen.

In der Zwischenzeit die Fischfilets waschen, mit Küchenpapier trocken tupfen, auf Gräten prüfen und in mundgerechte Stücke schneiden. Die Muscheln und die Meeresfrüchte säubern; bereits geöffnete Muscheln entsorgen. Alles mit in den Topf geben und ggf. mit so viel Wasser auffüllen, dass alles mit Flüssigkeit bedeckt ist. Bei mittlerer Hitze ca. 15 Minuten sanft köcheln lassen. Wichtig: Die Suppe darf jetzt nicht mehr kochen!

Die Suppe kosten und nach Belieben mit Salz und Pfeffer abschmecken. Die Lorbeerblätter und die Wacholderbeeren aus dem Topf entfernen.

Die Bouillabaisse auf tiefe Teller verteilen. Fischstücke, Meeresfrüchte, Muscheln und Gemüse hübsch einlegen und mit etwas frisch gehackter Petersilie bestreut servieren. Dazu passt hervorragend frisches Baguette.

SPAGHETTI BOLOGNESE

Im Roman *Feuerball* (1961) wird 007 wegen seines »ungesunden Lebenswandels« von seinem Vorgesetzten M angewiesen, sich ins Shrublands-Sanatorium zu begeben, um dort zu »entgiften« und seinen zahlreichen Lastern zumindest für eine Weile zu entsagen. Zwei Wochen bei warmem Wasser und Gemüsebrühe – für einen Genießer wie Bond der Supergau! Allerdings wäre der Geheimagent Ihrer Majestät nicht der, der er ist, wenn er nicht auch aus dieser unschönen Situation das Beste machen würde: »Bond wäre angesichts dieser Kur, die ihn Tag für Tag zahnloser werden ließ, besorgter gewesen, wenn es nicht drei Obsessionen gegeben hätte, die zu seinem alten Leben gehörten und die er niemals aufgeben würde – eine leidenschaftliche Sehnsucht nach einem großen Teller Spaghetti Bolognese mit viel gehacktem Knoblauch, begleitet von einer ganzen Flasche des billigsten Chiantis (die Menge für seinen leeren Magen und der extreme Geschmack für seinen entwöhnten Gaumen), ein überwältigendes Verlangen nach dem starken und doch weichen Körper von Patricia Fearing und eine tödliche Konzentration auf die Mittel und Wege, es Graf Lippe heimzuzahlen.« Später schafft 007 hier zumindest in zwei Punkten Abhilfe: »Am Abend, nachdem seine Kur zu Ende gegangen war, hatte er sich zuerst im *Lucien´s* in Brighton eine große Portion Spaghetti Bolognese mit Chianti gegönnt und sich danach mit Miss Fearing auf dem Rücksitz ihres Wagens in den Downs vergnügt.« Und Graf Lippe findet schließlich auch das unschöne Ende, das 007 ihm wünscht: Bei der Verfolgung von Bonds Aston Martin DB5 wird sein eigener Wagen von der *Spectre*-Killerin Fiona Volpe mit Raketen in die Luft gejagt. Ein Mann, ein Wort!

ZUTATEN

Für 4 Portionen

Butter
1 große Schalotte, fein gehackt
2 Knoblauchzehen, fein gehackt
100 g Parmaschinken, gewürfelt
1 Stange Staudensellerie, fein gewürfelt
3 Möhren, fein gewürfelt
600 g Rinderhack
2 EL Tomatenmark
1 Prise Muskatnuss, frisch gerieben
Schwarzer Pfeffer
Selleriesalz
100 ml Rotwein (trocken)
400 g Pizzatomaten
500 ml Rinderfond
3 EL Italienische Kräuter
1 kleine Prise Zucker
1 Spritzer Balsamico-Essig
500 g Spaghetti
½ Bund Petersilie, fein gehackt
50 g Parmesankäse, frisch gerieben

ZUBEREITUNG

Etwas Butter in einem großen Topf schmelzen. Die Schalotte und den Knoblauch glasig dünsten. Den Schinken dazugeben und scharf anbraten. Den Sellerie und die Möhren hinzufügen und mit anbraten. Schließlich das Rinderhack und das Tomatenmark dazugeben, alles gut miteinander vermischen und weiter anbraten, bis das Hackfleisch gleichmäßig gebräunt ist. Mit einer Prise Muskatnuss, schwarzem Pfeffer und Selleriesalz würzen.

Mit Rotwein ablöschen und den Wein komplett einreduzieren. Die Pizzatomaten und den Rinderfond dazugeben. Mit den Italienischen Kräutern, einer kleinen Prise Zucker und einem Spritzer Balsamico-Essig würzen, alles gut miteinander vermengen und bei niedriger Hitze 30 Minuten leise köcheln lassen.

In der Zwischenzeit nach Packungsanleitung die Spaghetti kochen (vorzugsweise al dente), abtropfen und auf vier tiefe Teller geben. Die frisch gehackte Petersilie in die Soße rühren und auf den Nudeln verteilen. Nach Belieben mit frisch geriebenem Parmesan garnieren. *Buon appetito!*

ROASTBEEF MIT KARTOFFELSALAT

»James Bond war kein Feinschmecker«, heißt es im elften 007-Roman *Im Geheimdienst Ihrer Majestät* (1963) von Ian Fleming. »In England ernährte er sich vornehmlich von gegrillter Seezunge, æufs cocotte und kaltem Roastbeef mit Kartoffelsalat.« Und warum auch nicht? Sowohl Roastbeef als auch ein gut gemachter Kartoffelsalat sind »Hausmannskost« im besten Sinne, und zumindest von Kartoffelsalat gibt es vor allem im deutschsprachigen Raum unzählige Varianten. Da 007 es grundsätzlich eher deftig mag, verwenden wir hier bei der Zubereitung Mayonnaise statt Olivenöl und verleihen dem Ganzen mit Senf und Gewürzgurkenflüssigkeit noch etwas zusätzlichen Pepp. Doch natürlich können Sie das Rezept auch ganz Ihren eigenen Vorstellungen anpassen! Wichtig ist letztlich bloß, darauf zu achten, dass das Roastbeef möglichst bei Niedrigtemperatur langsam rosa (medium) gebraten wird, damit es möglichst saftig und aromatisch bleibt, denn gart man Roastbeef zu sehr durch, wird es schnell fad und trocken, und damit wäre dieses wunderbare Stück Fleisch dann quasi doppelt gestorben.

ZUTATEN

Für 4 Portionen

Für das Roastbeef

50 g Butterschmalz
800 g Roastbeef oder Rinderfilet
2 Knoblauchzehen, fein gewürfelt
Etwas Rosmarin, fein gehackt
4 Stiele frischer Thymian, fein gehackt
2 Blätter Salbei, fein gehackt
Pfeffer, Salz
100 g Senf (mittelscharf)
1 Prise grobes Meersalz

Für den Kartoffelsalat

1 kg Kartoffeln (festkochend)
Salz
250 ml Gemüsebrühe
1 große Zwiebel, fein gewürfelt
3 EL Weißweinessig
3 EL Senf (mittelscharf)
250 g Mayonnaise
3 Gewürzgurken, fein gewürfelt
100 ml Gurkenflüssigkeit
½ Bund Schnittlauch, fein gehackt
Schwarzer Pfeffer

ZUBEREITUNG

Das Roastbeef zubereiten
Den Backofen auf 80° C vorheizen.

In einem großen Schmortopf oder einer großen Bratpfanne bei großer Hitze das Butterschmalz schmelzen und das Roastbeef rundherum scharf anbraten. Den Knoblauch, den Rosmarin, den Thymian und den Salbei dazugeben und 3 Minuten mit anschwitzen. Das Roastbeef mittig auf ein großes Stück Alufolie legen, salzen und pfeffern, dünn mit dem Senf bestreichen und die angeschwitzten Kräuter darüber geben. Fest in die Alufolie einschlagen und auf einem Backblech 2½ Stunden auf mittlerer Schiene im Ofen garen.

Anschließend den Ofen ausschalten und das Roastbeef bei offener Ofentür 5 Minuten ruhen lassen. Dann aus der Alufolie wickeln, in fingerdicke Scheiben schneiden, mit einer Prise grobem Meersalz bestreuen und zusammen mit dem Kartoffelsalat servieren.

Den Kartoffelsalat zubereiten
Die Kartoffeln mit viel Salz in viel Wasser in einen großen Topf geben. Den Deckel auflegen, zum Kochen bringen und bei schwacher Hitze ca. 20-30 Minuten kochen. Die Kartoffeln mit kaltem Wasser abschrecken, soweit abkühlen lassen, dass man sie gerade so eben weiterverarbeiten kann, ohne sich die Finger zu verbrennen, und warm pellen. In nicht zu dünne Scheiben schneiden (ca. 2-3 cm). In eine große Schüssel geben.

In einem kleinen Topf die Gemüsebrühe aufkochen und die fein gewürfelte Zwiebel darin 2-3 Minuten lang garen. Den Essig und den Senf hinzufügen, gut einrühren, vom Herd nehmen und einige Minuten abkühlen lassen. Dann zu den Kartoffelscheiben geben und alles gründlich durcheinanderwerfen, um die Kartoffeln komplett mit der Marinade zu überziehen. Die Gewürzgurkenwürfel, die Gurkenflüssigkeit aus dem Glas und den Schnittlauch unterheben. Mit Pfeffer würzen, alles gut vermengen, mit Frischhaltefolie abdecken und mind. 3-4 Stunden im Kühlschrank ziehen lassen. Vor dem Verzehr gründlich umrühren.

BOLLINGER
MANQUE

GEBRATENE ARTISCHOCKENHERZEN

Im allerersten Bond-Roman von Ian Fleming, *Casino Royale* (1953), isst 007 mit der geheimnisvollen Vesper Lynd im Restaurant seines Hotels im französischen Küstenstädtchen Royale-les-Eaux zu Abend. Dementsprechend gediegen und im besten Sinne französisch fällt dieses Dinner dann auch aus: Während Vesper sich u. a. für »gegrillte *rognon de veau* mit *pommes soufflés* und zum Abschluss *fraises des bois* mit viel Sahne« entscheidet, ordert Bond Kaviar mit extra viel Toast, ein kleines, »blutiges« Tournedos (also ein Steak aus der Filetspitze) mit Béchamelsauce und Artischockenherzen sowie zum Nachtisch eine Avocado mit French Dressing. Obgleich Bonds Dessert heutzutage, wo man Avocados im Gegensatz zu den 1950er Jahren in jedem Supermarkt findet, doch eher gewagt anmutet, ist sein Hauptgang über jeden Zweifel erhaben. Allerdings ist es vergleichsweise mühsam, Artischockenherzen für die Zubereitung vorzubereiten, und da es geschmacklich keinen nennenswerten Unterschied zwischen frischen und eingelegten Artischockenherzen gibt, können Sie für dieses Rezept ruhigen Gewissens gefrorenes oder konserviertes Gemüse verwenden. Achten Sie bei Konservenware nur darauf, die Herzen kräftig abzuspülen, damit das Gericht am Ende nach Artischocken (und, in diesem Fall, nach Chorizo) schmeckt und nicht nach dem Öl, in dem sie eingelegt waren!

ZUTATEN

Für 4 Portionen

6 kleine Artischocken (aus der Dose)

2 EL Olivenöl

1 Knoblauchzehe, fein gewürfelt

250 g Chorizo

1 EL Rosmarin, frisch gehackt

1 TL Zitronensaft

Salz

Pfeffer (aus der Mühle)

Rosmarin, zum Garnieren

ZUBEREITUNG

Die Artischockenherzen abgießen, gründlich abspülen und mit Küchenpapier trocken tupfen. Anschließend halbieren und in dünne Spalten schneiden.

In einer großen Pfanne bei starker Hitze das Olivenöl erwärmen und den fein gewürfelten Knoblauch darin anschwitzen.

Die Chorizo in Scheiben schneiden und zusammen mit den Artischocken in die Pfanne geben. Unter stetem Rühren 6-8 Minuten langsam goldbraun anbraten. Während der letzten 1-2 Minuten den gehackten Rosmarin unterschwenken. Zum Schluss mit dem Zitronensaft beträufeln und mit Salz und Pfeffer abschmecken.

Auf Teller verteilen und mit frischem Rosmarin garniert servieren.

SPARGEL MIT SAUCE BÉARNAISE

Das *Blades* ist ein fiktiver, sehr exklusiver Gentleman´s Club in London, der in den Romanen von Ian Fleming des Öfteren vorkommt, besonders prominent in *Moonraker* (1955). Bonds Vorgesetzter M isst hier gern zu Abend und lädt 007 ein, ihm Gesellschaft zu leisten, um »nebenbei« den unerhörten Verdacht auszuräumen, dass der schwerreiche Industrielle Hugo Drax, ebenfalls Mitglied des Clubs, beim Bridge-Spielen betrügt. Während M sich an scharfen Nierchen, Erdbeeren in Kirschwasser und als »Nach-Nachtisch« an einem Markknochen labt, ist Bonds Mahlzeit eher konservativ: geräucherter Lachs, Lammkoteletts mit Erbsen und Frühkartoffeln sowie – »da wir Mai haben« – Spargel mit Sauce béarnaise. Anders als der Name vermuten lässt, stammt die Béarnaise, eine der delikatesten Soßen der europäischen Küche, übrigens nicht aus der französischen Region Béarn, sondern wurde in den 1830er Jahren von Chefkoch Jules Collinet in Saint-Germain-en-Laye bei Paris erfunden. Zwar kam Collinet tatsächlich aus Béarn, doch wahrscheinlicher ist, dass er die Soße zu Ehren des Béarnaisers Heinrich IV. von Frankreich (1553–1610) so benannte, in dessen einstiger Residenz sich sein Restaurant *Le Pavillon IV* befand. Genau wie Bond war auch Heinrich IV. als Liebhaber guter Küche bekannt, und wie 007 hatte auch der König viele Feinde, die insgesamt achtzehn Mal versuchten, ihn zu ermorden. Beim 19. Versuch hatten sie schließlich »Erfolg«: Am 14. Mai 1610 wurde Heinrich IV. mit drei Messerstichen von einem Attentäter umgebracht. Hätte er Bond als Leibwächter an seiner Seite gehabt, wäre ihm dieses Schicksal mit Sicherheit erspart geblieben!

ZUTATEN

Für 4 Portionen

1 kg weißer Spargel
10 g frischer Kerbel
10 g frischer Estragon
100 ml Weißwein
1 Schalotte, grob gehackt
4 schwarze Pfefferkörner
1 Lorbeerblatt
Saft von 1 Zitrone
200 g ungesalzene Butter
3 Eigelb
1 TL Senf
Salz
Zucker
12 Scheiben Serrano-Schinken

Außerdem erforderlich

Spargelschäler

ZUBEREITUNG

Den Spargel waschen und schälen, die Enden abschneiden. Die Stiele und die Blätter vom Kerbel und vom Estragon trennen, die Blätter fein hacken und die Stiele aufbewahren.

Die Sauce Béarnaise zubereiten

Für die Sauce Béarnaise den Weißwein, die Kerbel- und Estragonstiele, die Schalottenwürfel, die Pfefferkörner, das Lorbeerblatt und die Hälfte des Zitronensafts in einen kleinen Topf geben. Bei mittlerer Hitze ca. 10 Minuten köcheln lassen bzw. so lange, bis das Ganze um die Hälfte einreduziert ist.

Vom Herd nehmen und die verbliebene Flüssigkeit durch ein feines Sieb in eine Schüssel passieren. Im selben Topf die Butter schmelzen. In einem separaten Topf Wasser erhitzen. Das Eigelb und den Senf in die Schüssel mit der Flüssigkeit geben, die Schüssel in das Wasserbad stellen und die Soße schaumig schlagen. Die geschmolzene Butter dazugeben. Die gehackten Kräuter einrühren.

Den Spargel zubereiten

Einen großen Topf mit Wasser füllen und den restlichen Zitronensaft hineingeben. Großzügig mit Salz und Zucker würzen. Zum Kochen bringen und den Spargel in den Topf geben. Je nach Größe und gewünschter Bissfestigkeit ca. 8-15 Minuten bei mittlerer Hitze kochen lassen. Abgießen, den Spargel mit Küchenpapier trocken tupfen und zusammen mit der Sauce Béarnaise und dem Schinken servieren. Dazu passen wunderbar Frühkartoffeln.

MAIN DISHES

GEBRATENE SEEZUNGE

Obwohl James Bond für die extravaganten Speisen und Getränke bekannt ist, die er goutiert, ist er in den Romanen von Ian Fleming bei weitem nicht so wählerisch bei dem, was er isst (und trinkt), wie in den Filmen. Zwar tendiert er vor allem bei Besuchen im Ausland dazu, sich an den ausgefallensten Gerichten zu laben, doch daheim mag er es eher rustikal. Im Roman *Im Geheimdienst Ihrer Majestät* (1963) heißt es: »James Bond war kein Feinschmecker. In England ernährte er sich vornehmlich von gegrillter Seezunge, æufs cocotte und kaltem Roastbeef mit Kartoffelsalat.« Tatsächlich ist Seezunge in allen Varianten neben Rührei mit Speck eine von Bonds absoluten Leibspeisen. Durch die Nähe zur Nordsee war dieser Fisch in den 1950er und 1960er Jahren, in denen Fleming seine Bücher schrieb, in England ein alltägliches, preisgünstiges Nahrungsmittel. Doch, oh, wie sich die Zeiten wandeln! Denn inzwischen gehört die Seezunge nicht zuletzt aufgrund geänderter Artenschutzbestimmungen zu den begehrtesten und teuersten Speisefischen auf dem Markt. Kein Wunder: Das Fleisch der Seezunge ist einfach köstlich! Es hat einen leicht nussigen, mild-würzigen Geschmack und eignet sich besonders für kurzes Anbraten oder schonendere Garmethoden wie Pochieren, Dämpfen oder Dünsten. Bei diesem schlichten Rezept hingegen halten wir uns an Bonds liebste Zubereitungsart und braten die Seezunge in viel Butter scharf an. Dazu passt übrigens ganz wunderbar das andere Leibgericht von 007: Rührei!

ZUTATEN

Für 4 Portionen

4 kleine Seezungen (à ca. 300 g), küchenfertig

2 Zitronen, unbehandelt

100 g weiche Butter

1 TL Mehl zzgl. noch etwas mehr zum Wenden

Salz, Pfeffer

4 EL Olivenöl

1 Bund frische Petersilie, fein gehackt

4 cl Wacholderschnaps

ZUBEREITUNG

Die Fische waschen und mit Küchenpapier trocken tupfen. Von den Zitronen die Schale fein abreiben und den Saft auspressen. Den Zitronensaft und die Zeste in einer kleinen Schüssel mit der Butter vermengen, dann 1 TL Mehl und eine Prise Salz hinzufügen und wiederum alles gut miteinander vermischen. Beiseitestellen.

Die Fische salzen, pfeffern und in Mehl wenden; überschüssiges Mehl abschütteln.

Den Backofen auf 80° C vorheizen.

In einer großen Pfanne bei mittlerer Hitze das Öl erwärmen und die Seezungen nacheinander von jeder Seite 4-5 Minuten anbraten. Die gebratenen Fische auf einem mit Küchenpapier ausgelegten Teller abtropfen lassen und zum Warmhalten in den Ofen geben.

Das Bratfett aus der Pfanne abgießen, mit Wacholderschnaps ablöschen und den Bratensatz vom Pfannenboden lösen. Die Zitronenbutter einrühren und schmelzen.

Die Seezungen auf die Teller verteilen und großzügig mit der Zitronenbutter beträufeln. Jeweils mit etwas fein gehackter Petersilie bestreuen. Den Rest der Butter getrennt dazu reichen. Hierzu passen hervorragend Salzkartoffeln!

World's Greatest Marches

SCHASCHLIK

Im siebten Bond-Film *Diamantenfieber* (1971) soll 007 einen internationalen Diamantenschmuggelring ausheben. Um mit den Tätern in Kontakt zu kommen, schlüpft der Geheimagent kurzerhand in die Rolle des Schmugglers Peter Franks und bringt – begleitet von der ebenso attraktiven wie geheimnisvollen Tiffany Case – eine Ladung wertvoller Klunker nach New York. Hier zeigt sich, dass (zumindest im Film; im Roman sieht die Sache anders aus) Bonds Erzfeind Ernst Stavro Blofeld hinter allem steckt. In Blofelds Diensten stehen auch die beiden Killer Mr. Wint und Mir. Kidd, die mit an Bord sind, als Bond und Tiffany nach getaner Arbeit mit einem Kreuzfahrtschiff von L. A. aus nach Southampton aufbrechen. Um ihren Auftrag doch noch zu Ende zu bringen, verschaffen sie sich als Kabinenstewards verkleidet mit zwei Rollwagen voller Essen Zutritt zur Kabine des Agenten. Serviert werden u. a. Austern andalusische Art, Schaschlik, Salat Utopia und zum Dessert, »als Überraschung und Krönung des Ganzen, unsere Schlemmerbombe Surprise«. Allerdings wird das Schaschlik nicht gegessen. Stattdessen versucht Mr. Kidd, Bond mit den brennenden Spießen zu erstechen, woraufhin 007 ihn mit einer Flasche Brandy überschüttet. Lichterloh brennend springt der Killer über die Reling, während Mr. Wint die allzu explosiven Schlemmerbombe zum Verhängnis wird. Oder anders ausgedrückt: Der Mordanschlag ist für die beiden vielleicht nicht sonderlich erfolgreich gelaufen, aber das Schaschlik war mit Sicherheit gut durch!

ZUTATEN

Für 4 Portionen

3 rote Paprika
4 große rote Zwiebeln
200 g Schinkenspeck, grob gewürfelt
3 große Essiggurken, in mundgerechten Stücken
600 g Schweinefilet, in mundgerechten Stücken
Salz, Pfeffer
Schaschlikgewürz

Für die scharfe Soße

5 EL Tomatenketchup
5 EL Chilisauce
2 EL Ajvar
1-2 EL Sambal Oelek
1 Schalotte, fein gehackt
2 Knoblauchzehen, gepresst

Außerdem erforderlich

2-3 große oder 4-6 kleine Spieße

ZUBEREITUNG

Den Backofen auf 160° C Umluft vorheizen. Ein Backblech mit Backpapier auslegen.

Die Paprika waschen, entsamen und in flache, mundgerechte Stücke schneiden (ca. 3 x 3 cm). Die Zwiebeln schälen und mit dem Hobel in ca. 3 mm dicke Ringe schneiden.

Die Spieße bestücken. Hierzu jeweils abwechselnd Schinkenspeck, Paprika, Schweinefilet, Zwiebel und Gurke auf einen Spieß piksen. Alle Stücke dicht, aber nicht *zu* dicht zusammenschieben. Dies so lange wiederholen, bis der Spieß voll ist. Auf das Backblech legen und großzügig mit Salz, Pfeffer und Schaschlikgewürz würzen.

Die Spieße locker mit Alufolie abdecken und für 30 Minuten in den Ofen geben. Dann die Alufolie entfernen und die Spieße bei 200° C Oberhitze ca. 10 Minuten ringsum anbräunen. Zur Halbzeit einmal wenden. Auf ein großes Serviertablett geben und mit reichlich scharfer Soße servieren.

Die scharfe Soße zubereiten
In einer kleinen Schüssel den Tomatenketchup, die Chilisauce, das Ajvar und das Sambal Oelek vermischen. Die Schalotte und den Knoblauch hinzugeben und gut durchrühren.

Locker mit Frischhaltefolie abgedeckt mind. 1 Stunde im Kühlschrank ziehen lassen. Vor dem Servieren gründlich durchrühren. Achtung, scharf!

STEAK MIT POMMES FRITES

In *Leben und sterben lassen* (1954) verschlägt es 007 in die USA, wo er einem gewissen Mr. Big auf dem Zahn fühlen soll, einem mächtigen Gangsterboss aus Harlem, der im Verdacht steht, mit dem Gold aus einem vermeintlichen Piratenschatz die sowjetische Spionage in Amerika zu finanzieren. Seine Nachforschungen führen Bond schließlich nach Florida, wo er in einem »kleinen, dunklen, aber freundlichen Restaurant namens *Pete´s*« das größte Steak isst, »das er je gesehen hatte – englisch, mit Pommes frites. (...) Dazu trank er ein halbes Pint Old Granddad und ließ sich zum Abschluss noch zwei Tassen sehr starken Kaffee bringen. Danach fühlte er sich langsam wieder ein bisschen zuversichtlicher.« Kein Wunder: Wer kann einem guten Steak schon widerstehen? Im Übrigen dürfte es angesichts von Bonds sonstigen Vorlieben nicht verwundern, dass er sein Fleisch am liebsten »englisch« mag oder, wie man bei uns sagt, blutig. Allerdings ist blutiges Rindersteak nicht jedermanns Sache. Den Gargrad des Fleisches überlasse ich daher ganz Ihnen; die übrigen Zubereitungsschritte hingegen sollte man lieber berücksichtigen, um ein Steak zu bekommen, das eines Doppel-Null-Agenten würdig ist!

ZUTATEN

Für 4 Portionen

1 kg Kartoffeln (mehligkochend)
1 l neutrales Öl, zum Frittieren
Meersalz
4 Entrecôte-Steaks (à ca. 200 g)
2 EL Olivenöl
2 EL Butter
Pfeffer (aus der Mühle)

ZUBEREITUNG

Die Kartoffeln schälen und in ca. 1 cm durchmessende Stäbchen schneiden. Die Kartoffelstäbchen in eiskaltes Wasser legen, damit die Stärke austreten kann.

Derweil das Öl in einen hohen Topf geben und bei starker Hitze auf 160° C erwärmen. Um zu testen, ob das Öl heiß genug ist, probeweise ein Kartoffelstäbchen hineingeben; wenn zischend Bläschen aufsteigen, ist das Fett bereit. Dann die Kartoffelstäbchen aus dem Eiswasser nehmen, mit Küchenpapier gut trockentopfen und in mehreren Chargen (je nach Topfgröße) ca. 4-5 Minuten frittieren, bis sie blassgelb sind. Dann mit einer Schaumkelle herausheben, auf einem mit Küchenrolle ausgelegten Teller das überschüssige Fett abtropfen lassen. Auf diese Weise alle Pommes vorfrittieren, dabei zwischendurch das Öl bei Bedarf wieder erhitzen.

Das Öl nun auf 190° C erwärmen. Die Pommes frites portionsweise ein zweites Mal frittieren, bis sie knusprig und goldbraun sind. Die fertigen Pommes aus dem Öl heben, auf einem mit Küchenpapier ausgelegten Teller abtropfen lassen und mit Meersalz bestreuen.

Während die Pommes frittiert werden, die Steaks trocken tupfen. In einer großen Pfanne bei starker Hitze das Olivenöl erwärmen und die Steaks von beiden Seiten jeweils 1-2 Minuten kräftig anbraten. Die Hitze auf mittel reduzieren, die Butter mit in die Pfanne geben und die Steaks – je nach gewünschter Garstufe – nochmals 2-3 Minuten pro Seite braten. Dabei mehrmals mit der flüssigen Butter begießen. Schließlich aus der Pfanne auf ein Schneidebrett geben und 5 Minuten ruhen lassen. Erst dann kräftig mit Meersalz und Pfeffer würzen.

Die Steaks mit den Pommes frites auf großen, flachen Tellern anrichten und nach Belieben mit Mayonnaise oder Ketchup servieren.

SUNTORY
WHISKY
TOKI™
季

SUKIYAKI

Nach dem Tod seiner Frau Tracy in *Im Geheimdienst Ihrer Majestät* (1963) ist Bond ein gebrochener Mann. Er gibt sich ganz seiner Trauer hin, vernachlässigt die Arbeit, trinkt noch mehr als üblich (sofern das überhaupt möglich ist) und verspielt jede Menge Geld. Seine letzten Aufträge hat er dermaßen in den Sand gesetzt, dass M ihn im Roman *Man lebt nur zweimal* (1964) am liebsten aus dem Dienst entlassen würde. Stattdessen beschließt er, 007 auf einen scheinbar unlösbaren Fall anzusetzen, in der Hoffnung, dass sein ehemals bester Mann durch die Herausforderung wieder zu Sinnen kommt. Seine Mission führt Bond nach Japan, wo er das »Schloss des Todes« des geheimnisvollen Wissenschaftlers Dr. Shatterhand infiltrieren soll. Hierzu wird er als Japaner getarnt und von der Muscheltaucherin Kissy Suzuki mit vollem Körpereinsatz in die Traditionen und Lebensweisen ihrer Heimat eingeführt. So serviert sie Bond u. a. Sukiyaki, ein traditionelles japanisches Eintopfgericht, dass sie mit gewissen »Geheimzutaten« noch etwas aufpeppt: mit Pulver aus getrockneter Eidechse und dem Schweiß einer speziellen Krötenart aus einem Sexshop, da unter den jüngsten Ereignissen offenbar auch Bonds Libido gelitten hat. Ob am Ende nun die ominösen Mittelchen oder Kissys Kamasutra-Lehrbuch dafür sorgen, dass 007 wieder zu sich findet, wissen wir zwar nicht. Sicher hingegen ist, dass es sich bei diesem Gericht um einen echten Klassiker der asiatischen Küche handelt. Das Besondere hierbei ist, dass das hauchzart geschnittene Rindfleisch nicht eigens angebraten oder gekocht wird, sondern einfach in der heißen Brühe garzieht.

ZUTATEN

Für 4 Portionen

1 l Hühnerfond
250 ml Rinderfond
2 EL Sojasoße
2 EL Sake
3 EL Mirin
4 Shiitake-Pilze, geviertelt
250 g Udon-Nudeln
2 Frühlingszwiebeln, in dünnen Scheiben
100 g geräucherter Tofu, gewürfelt
200 g Rinderfilet (hauchdünn aufgeschnitten)

ZUBEREITUNG

In einem großen Topf den Hühnerfond, den Rinderfond, die Sojasoße, den Sake und den Mirin miteinander verrühren und bei mittlerer Hitze aufkochen. Die Shiitake-Pilze hineingeben und 5 Minuten sanft köcheln lassen.

In einem separaten Topf die Udon-Nudeln in gesalzenem Wasser nach Packungsanleitung zubereiten. Anschließend abgießen.

Die Brühe auf vier große Schüsseln verteilen. Die Nudeln, die Shiitake-Pilze, die Frühlingszwiebeln, die Tofuwürfel und das hauchdünn aufgeschnittene Rinderfilet jeweils getrennt voneinander in die heiße Brühe geben. Vor dem Servieren 2-3 Minuten warten, damit die Suppe etwas abkühlen und das Fleisch garziehen kann. Warm, aber nicht heiß servieren!

BOURDETO

Während man Bond in den Filmen häufig (alkoholische) Getränke aller Art goutieren sieht, spielt Essen im Leinwandleben des Geheimagenten nahezu keine Rolle. Zu den wenigen Ausnahmen gehört *In tödlicher Mission* (1981), der erste Bond-Film, für den kein Roman von Originalautor Ian Fleming als Grundlage zur Verfügung stand. Stattdessen wurden der Titel und die Figur der Melina der gleichnamigen Kurzgeschichte entlehnt, während die Schmuggler Columbo und Kristatos sowie auch Teile der Handlung aus der Erzählung »Risiko« stammen. Passend zum Schauplatz Kreta, bestellt Bond im Restaurant des Casinos von Korfu, wo er mit Kristatos zu Abend isst, zu Garnelen und Salat das berühmte korfiotische Fischgericht Bourdeto. Ursprünglich aus Venedig stammend, wird für die Zubereitung von Bourdeto traditionell Skorpionfisch verwendet, doch da diese Fischsorte hierzulande nur schwer zu bekommen ist, können Sie ebenso gut auch auf ähnliche Arten wie z. B. Rotbarsch zurückgreifen.

ZUTATEN

Für 4 Portionen

2 Zitronen
1½-2 kg Skorpionfisch, ausgenommen, im Ganzen, alternativ Rotbarsch
75 ml Olivenöl
2 Schalotten, fein gewürfelt
4 Knoblauchzehen, fein gehackt
2 rote Paprika, in schmalen Streifen
200 ml Rotwein (trocken)
250 g Pizzatomaten
2 Lorbeerblätter
1 TL Rosenpaprika
½ TL Cayennepfeffer
Salz
1 kleine Prise Zucker
300 ml Fischfond
Etwas frische Petersilie, fein gehackt

ZUBEREITUNG

Die Zitronen gründlich waschen. Die Zeste einer Zitrone abreiben. Beide Zitronen auspressen. Die gesäuberten Fische innen und außen mit dem Zitronensaft einpinseln. Beiseitestellen.

In einem großen Schmortopf bei großer Hitze das Öl erwärmen. Die Schalotten hinzugeben und glasig dünsten. Den Knoblauch und die Paprikawürfel kurz mit anschwitzen. Mit dem Rotwein ablöschen. Die Pizzatomaten, die Lorbeerblätter und den Rosenpaprika dazugeben, mit Cayennepfeffer, Salz und einer Prise Zucker würzen. Mit dem Fischfond aufgießen und bei mittlerer Hitze 5 Minuten köcheln lassen.

Die Fische innen und außen salzen, im Ganzen so in die Soße legen, dass sie vollständig davon bedeckt sind. 25 Minuten köcheln lassen. Abschmecken, etwas frisch gehackte Petersilie unterheben und zusammen mit frischem Brot oder Reis servieren.

TAFELSPITZ

Der klassische Wiener Tafelspitz schmeckt »wie kein anderes gesottenes Rindfleisch auf der Welt«, wie Bond im Roman *Niemand lebt ewig* (1986), einem der insgesamt sechzehn 007-Abenteuer aus der Feder von Ian Flemings Quasi-Nachfolger John Gardner (1933–1982), seinen beiden Begleiterinnen Sukie Tempesta und Nanette »Nannie« Norrich erklärt, als sie in Salzburg im Restaurant des – real existierenden – Luxushotels »Goldener Hirsch« zu Abend essen. Zu dieser »gastronomischen Freude« wird ihnen ganz traditionell eine Würzsoße nebst »zarter Bratkartoffeln« serviert. Da wird das Kopfgeld, das auf 007 ausgesetzt ist, weswegen er sich mit einer wahren Legion von Killern und anderen Gegenspielern herumschlagen muss, fast zur Nebensache, schließlich gehört Tafelspitz zu den großen Klassikern der österreichischen Küche! Angeblich geht das Gericht auf Kaiser Franz Joseph I. (1830–1916) zurück, der im Gegensatz zu den meisten anderen Adeligen (egal welcher Epoche) ein ausgesprochen sparsamer Geselle war und von seinem Küchenmeister statt üppiger Mehr-Gänge-Menüs regelmäßig gekochtes Rindfleisch verlangte. Erst seine Untertanen verfeinerten das Gericht und machten aus der eher bescheidenen Hofspeise die üppige Schlemmerei, die Tafelspitz heute ist – eben gesottenes Rindfleisch wie kein anderes auf der Welt!

ZUTATEN

Für 4 Portionen

Für den Tafelspitz

2 l Wasser
1 kg Tafelspitz
1 EL Salz
1 Lorbeerblatt
1 EL Pfefferkörner
2 große Zwiebeln, grob gewürfelt
150 g Möhren, in groben Scheiben
150 g Staudensellerie, in groben Scheiben
150 g Porree, in groben Scheiben

Für die Würzsoße

30 g Butter
25 g Mehl
375 ml Fleischbrühe (vom Tafelspitz)
120 g Schlagsahne
20 g Meerrettich, frisch gerieben
Salz, Zucker
1 TL Zitronensaft
1 EL frischer Schnittlauch, fein gehackt

Für die Bratkartoffeln

1 kg Kartoffeln (festkochend), geschält und gestiftelt
Olivenöl
2 Schalotten, fein gewürfelt
Salz, Pfeffer

ZUBEREITUNG

Den Tafelspitz zubereiten
In einem großen Topf das Wasser zum Kochen bringen. Das Rindfleisch zusammen mit dem Salz, dem Lorbeerblatt und den Pfefferkörnern hineingeben. Die Hitze auf mittel reduzieren und das Fleisch ca. 2 Stunden mit Deckel garziehen lassen. NICHT kochen! Anschließend das Suppengemüse dazugeben und mit Deckel nochmals ca. 20 Minuten garen.

Das Fleisch aus dem Topf nehmen, in Alufolie einschlagen und vor dem Aufschneiden 10 Minuten ruhen lassen. Die Brühe durch ein Sieb passieren, auffangen und 375 ml davon für die Würzsoße abmessen.

Die Würzsoße zubereiten
Während das Fleisch ruht, in einem kleinen Topf bei mittlerer Hitze die Butter zerlassen. Das Mehl dazugeben und unter stetem Rühren so lange erhitzen, bis das Ganze hellgelb ist. Die Tafelspitzbrühe und die Sahne hinzugießen und mit einem Schneebesen gut durchschlagen. Die Soße unter beständigem Rühren zum Kochen bringen und bei schwacher Hitze ca. 5 Minuten ohne Deckel köcheln lassen. Den Meerrettich unterrühren. Mit Salz, Zucker und Zitronensaft abschmecken. Zuletzt den fein gehackten Schnittlauch unterheben.

Die Bratkartoffeln zubereiten
Die Kartoffelstifte 5 Minuten in eine Schale mit kaltem Wasser legen. Anschließend durch ein Sieb abgießen.

Das Öl in einer großen Bratpfanne auf der höchsten Stufe erhitzen. Die Kartoffeln dazugeben und den Deckel auf die Pfanne setzen. Nach 5 Minuten die Kartoffeln das erste Mal wenden und die Hitze auf mittel reduzieren. Danach alle 5 Minuten wenden. Hinterher stets den Deckel wieder auf die Pfanne legen! Nach 25 Minuten die Schalotten dazugeben, ohne sie mit den Kartoffeln zu vermischen! Die Zwiebeln ca. 5 Minuten in der geschlossenen Pfanne andünsten und dann erst mit den Kartoffeln vermengen! Den Deckel abnehmen, die Hitze wieder auf groß stellen und nochmals 5 Minuten offen anbraten. Kräftig mit Salz und Pfeffer würzen.

107562
ASTON MARTIN

SPAGHETTI CARUSO

Was essen amerikanische Gangster? Laut James Bond im Roman *Diamantenfieber* mit Vorliebe Spaghetti. Sein CIA-Kumpel Felix Leiter ist derselben Meinung: Als er und Bond vor dem *Pavilion* halten, »dem einzigen eleganten Restaurant in Saratoga«, ist Leiter heilfroh, dass sie in diesem gediegenen Etablissement nicht Gefahr laufen, dass »einer der Jungs von der Spangled-Bande am Nebentisch Spaghetti mit Carusosoße mampft«, aus Angst, das könne ihnen den Appetit auf gekochten Maine-Hummer mit geschmolzener Butter verderben, der im *Pavilion* so gut sein soll wie nirgends sonst. Keine Ahnung, was die beiden Agenten gegen Spaghetti Caruso haben, die nach dem berühmten italienischen Tenor Enrico Caruso (1873–1921) benannt sind, auf den dieses Gericht mit Tomaten, Zwiebeln, Knoblauch und Hühnerleber offiziell zurückgeht. Es gibt unzählige Varianten dieses Rezepts, und einige davon sind ziemlich lecker. Dies ist meine Version, die ausdrücklich auch denen ans Herz gelegt sei, die normalerweise keine Leber mögen. Denn im Gegensatz zur bei uns zumeist verwendeten Schweine- oder Rinderleber ist Hühnerleber wesentlich dezenter im Geschmack, sodass diese Spaghetti Caruso garantiert auch Mr. Leiter schmecken würden!

ZUTATEN

Für 4 Portionen

2 Schalotten, fein gehackt

2 Knoblauchzehen, fein gehackt

100 g Schinkenwürfel

5 EL Olivenöl

200 g Pizzatomaten

500 g frische Hühnerleber, in mundgerechten Stücken

2 TL Italienische Kräuter

Etwas frisches Basilikum, fein gehackt

100 ml Sahne

250 g Spaghetti

Etwas Weißwein

Salz, Pfeffer

Parmesan (optional)

ZUBEREITUNG

In einer tiefen Pfanne mit etwas Olivenöl die Schalotten und den Knoblauch anschwitzen. Die Schinkenwürfel dazugeben und mit anbraten, bis alles gar und duftig ist. Mit einem kräftigen Schuss Weißwein ablöschen.

Die Leberstücke in die Pfanne geben und kurz anbraten (2-3 Minuten). Kräftig mit Salz und Pfeffer würzen. Die Hitze auf mittel reduzieren, die Pizzatomaten und die Italienischen Kräuter hineingeben und unter regelmäßigem Rühren 10-15 Minuten sanft köcheln lassen.

Kurz vor Ende der Kochzeit die Sahne und die Hälfte des fein gehackten Basilikums unter die Soße rühren. Den Deckel aufsetzen und weitere 10 Minuten sanft köcheln lassen.

In der Zwischenzeit gemäß Packungsanleitung in einem großen Topf mit viel gut gesalzenem Wasser die Spaghetti al dente (also bissfest) kochen. Ist die Pasta gar, durch ein Sieb abgießen; dabei etwas vom Nudelwasser auffangen.

Die Spaghetti zur Soße in die Pfanne geben und alles behutsam miteinander vermengen. Sollte das Ganze zu trocken sein, etwas von dem aufgefangenen Nudelwasser unterrühren. Auf tiefe Teller verteilen und mit dem restlichen Basilikum bestreut servieren. Nach Belieben frisch geriebenen Parmesan dazu reichen.

TOP SECRE

FILET MIGNON

Auch der beste Geheimagent der Welt muss sich seine Sporen erstmal verdienen: Im Roman *Ewig und ein Tag* (2019) von Anthony Horowitz, der quasi die Vorgeschichte von *Casino Royale* (1959) erzählt, muss Bond sich in der Unterwelt der Côte d'Azur behaupten – nachdem er zuvor in Stockholm durch die Eliminierung des norwegischen Doppelagenten Rolf Larsen offiziell seinen Doppel-Null-Status erworben hat. Um sich für diesen nervenaufreibenden Tötungsauftrag zu stärken, sucht Bond das Restaurant *Cattelin* in der Altstadt von Stockholm auf, wo er in der Ecke sitzt und »auf ein schlechtes Filet Mignon einstach, zu dem ein schlechtes Glas Burgunder serviert worden war, und über den Mann nachdachte, den er töten sollte«. Keine Ahnung, was der Koch in besagtem Etablissement falsch gemacht hat, damit Bond sein Essen nicht mochte, aber das Filet Mignon, das ich Ihnen hier präsentiere, hätte mit Sicherheit seine Zustimmung gefunden! Zwar wird im Buch nirgends erwähnt, was dazu gereicht wird, doch so, wie ich Bond kenne, hat er vermutlich eine klassische Soße Béarnaise geordert, weshalb wir hier genauso verfahren. Übrigens: Das *Cattelin* gab es in den 1950er Jahren, in denen *Ewig und ein Tag* spielt, tatsächlich, und zwar bis 2011. Allerdings stand seinerzeit kein Filet Mignon auf der Speisekarte, sondern Chateaubriand mit Pommes frites – und Soße Béarnaise zum Preis von 10 Kronen. So günstig werden wir bei diesem Gericht heutzutage zwar nicht mehr davonkommen, aber wie ein guter Freund von mir immer sagt: Was nix kostet, taugt auch nix!

ZUTATEN

Für 4 Portionen

10 g Butter
4 Rinderfilet (à ca. 120 g)
Salz
Schwarzer Pfeffer (aus der Mühle)
1 Schalotte, fein gewürfelt
1 Knoblauchzehe, fein gewürfelt
400 g Champignons, in dünnen Scheiben
2 EL Cognac
150 ml Kalbsfond
1 Spritzer Zitronensaft
3 EL Schmand
2 EL Senf (mittelscharf)
4 Stängel glatte Petersilie, fein gehackt

ZUBEREITUNG

Den Backofen auf 80° C vorheizen.

In einer großen, beschichteten Pfanne bei starker Hitze die Butter schmelzen und die Rinderfilets darin von jeder Seite 1-2 Minuten scharf anbraten. Das Fleisch einzeln in Alufolie einschlagen und für 15 Minuten in den Ofen geben. Anschließend einige Minuten ruhen lassen. Wichtig: Erst danach salzen und pfeffern!

In der Zwischenzeit im restlichen in der Pfanne verbliebenen Fett die Schalotte und den Knoblauch glasig dünsten. Portionsweise die Champignons dazugeben und ringsum anbraten. Mit dem Cognac und dem Kalbsfond ablöschen und den Bratensatz vom Boden der Pfanne lösen. Mit Salz und Pfeffer würzen, mit dem Zitronensaft abschmecken und auf die Hälfte einkochen lassen. Schließlich den Schmand, den Senf und die fein gehackte Petersilie unterrühren und die Soße kurz aufkochen.

Die fertig gegarten und gewürzten Filetstücke in die Soße legen und sofort servieren.

STIFADO

Im Laufe seiner Abenteuer hat James Bond sich auf der ganzen Welt mächtige Feinde gemacht. In *Liebesgrüße aus Moskau* (1957) hat ihn Russlands tödliche SMERSCH-Organisation deshalb auf die Abschussliste gesetzt. Listig, wie sie sind, nutzen die Sowjets die unwiderstehliche Tatjana Romanowa als Köder, um Bond nach Istanbul zu locken, indem Tatjana behauptet, im Besitz einer Dechiffriermaschine vom Typ Spektor (im Film Lektor) zu sein und damit zu den Briten überlaufen zu wollen. Die Mörder von SMERSCH sollen dann den Rest erledigen. Nur gut, dass Bond mit Kerim Bey, dem örtlichen MI6-Agenten, einen zuverlässigen Mann an seiner Seite hat, der ihm den Rücken freihält – und ihn ganz nebenbei auch noch mit kulinarischen mediterranen Köstlichkeiten wie Stifado vertraut macht, einem aromatischen Eintopf aus Lamm, Tomaten, Zwiebeln und jeder Menge Knoblauch, der dem Geheimagenten im Lager der »Gesichtslosen« angeboten wird – natürlich zusammen mit Fladenbrot und dem obligatorischen Raki.

ZUTATEN

Für 4 Portionen

500 ml Rotwein (trocken)
1 l Rinderfond
½ TL Zimt
3 Nelken
3 Wacholderbeeren
4 Pimentkörner
6 schwarze Pfefferkörner
2 Lorbeerblätter
1 kg Rindergulasch
Salz, Pfeffer
20 kleine rote Zwiebeln, geschält, im Ganzen
4 Knoblauchzehen, fein gehackt
6-8 Rispentomaten
½ TL Zucker

Außerdem erforderlich

Gewürzkugel

ZUBEREITUNG

In einer Schüssel den Rotwein, den Rinderfond, den Zimt, die Nelken, die Wacholderbeeren, die Pimentkörner, die Pfefferkörner und die Lorbeerblätter zu einer Marinade verrühren. Das Rindergulasch in einen großen Gefrierbeutel geben und die Marinade dazugeben. Dafür sorgen, dass die Fleischstücke komplett mit Marinade bedeckt sind, und für mindestens 12 Stunden in den Kühlschrank geben. Die Flüssigkeit durch ein feines Sieb abgießen und auffangen. Die Gewürze ebenfalls aufbewahren.

Das Fleisch abspülen und mit Küchenpapier trocken tupfen, dann portionsweise in einer großen Schmorpfanne bei starker Hitze ringsum scharf anbraten; anschließend salzen und pfeffern. Aus der Pfanne nehmen, beiseitestellen und den Bratensatz mit etwas Wasser lösen; kurz aufkochen, abgießen, den Sud auffangen und die nächste Charge Gulasch anbraten, bis alles Fleisch gegart ist.

In derselben Pfanne kurz die Zwiebeln andünsten, den Knoblauch dazugeben und anschwitzen. Schließlich das Fleisch hinzufügen. Alles mit der Marinade und dem aufgefangenen Bratenfond ablöschen; evtl. mit zusätzlichem Rotwein und Fleischbrühe aufgießen, bis das Fleisch komplett von Flüssigkeit bedeckt ist. Die aufbewahrten Gewürze in eine Gewürzkugel füllen und mit in die Pfanne geben. Die Tomaten im Ganzen hinzufügen und mit einer Prise Zucker bestreuen. Ohne Deckel bei niedriger Hitze 2 Stunden sanft köcheln lassen.

Die Gewürze nach ca. 45 Minuten entfernen und immer wieder vorsichtig umrühren. Die Soße sollte eine schön sämige Konsistenz haben. Wichtig ist, dass die Zwiebeln und die Tomaten ihre Form behalten! Zuletzt abschmecken und ggf. mit Pfeffer und Salz nachwürzen.

POULET GLORIA MIT SENFSAHNESOSSE

Im Roman *Im Geheimdienst Ihrer Majestät* (1963) bekommt Bond es einmal mehr mit seinem Erzfeind Ernst Stavro Blofeld zu tun, der von einem vermeintlichen Sanatorium auf dem Gipfel des Piz Gloria in der Schweiz aus zu einem vernichtenden Schlag gegen England ausholt, indem er attraktive junge Mädchen ohne ihr Wissen mittels Hypnose und einer angeblichen Allergietherapie in wandelnde Virusbomben verwandelt. Doch ungeachtet der kargen Unterbringung und den strikten Verhaltensregeln, die in der Einrichtung herrschen, hat der Bösewicht offenbar keine Probleme, gute Köche für sein »Institut« zu engagieren, denn als Bond sich als Heraldiker Sir Hillary Bray getarnt dort einschleicht, ist er beeindruckt von der Qualität des Essens. U. a. wird Poulet Gloria mit einer Senfsahnesoße serviert, das so köstlich ist, dass Ruby und Violet, die beiden »Todesengel«, mit denen 007 unter der gestrengen Aufsicht von Irma Bunt, Blofelds Vertrauter, speist, sich »auf ihre Gerichte stürzten und sie mit zurückhaltender, aber unverkennbarer Gier verschlangen. An den anderen Tischen verstummten die Unterhaltungen auf ähnliche Weise.« Dementsprechend hege ich die Hoffnung, dass der Geheimagent von diesem Rezept ebenso beeindruckt wäre wie von dem, was ihm auf dem Piz Gloria vorgesetzt wurde.

ZUTATEN

Für 4 Portionen

4 Hähnchenbrustfilets
4 TL körniger Senf
4 TL Olivenöl
Salz, Pfeffer
4 TL Dijon-Senf
2 EL Honig
100 ml Sahne
100 ml Gemüsefond
1 Schalotte, fein gehackt
200 g Champignons, in dünnen Scheiben
10 g frischer Rosmarin, fein gehackt
Cheddar, gerieben

ZUBEREITUNG

Die Hähnchenbrustfilets waschen und mit Küchenpapier trocken tupfen.

Jeweils die Hälfte des körnigen Senfs und des Olivenöls in eine große Schüssel geben und verrühren. Salzen und pfeffern. Die Hähnchenbrustfilets in der Marinade schwenken, sodass sie vollständig davon überzogen sind, und 30 Minuten ruhen lassen.

In einer kleinen Schüssel den Dijon-Senf, den übrigen körnigen Senf, den Honig, die Sahne und den Gemüsefond gründlich miteinander verrühren.

In einer großen Bratpfanne bei mittlerer Hitze das übrige Olivenöl erwärmen. Die Hähnchenbrüste aus der Marinade heben und von jeder Seite ca. 2-3 Minuten scharf anbraten. Die Hähnchenbrüste aus der Pfanne nehmen, kurz beiseitestellen und die Schalotten in der Pfanne glasig andünsten. Danach die Champignons hineingeben und 2-3 Minuten mit anbraten. Nun das Fleisch wieder mit in die Pfanne geben, die Senfsahnesoße dazu gießen und mit dem gehackten Rosmarin bestreuen. Die Hitze auf niedrig reduzieren, großzügig mit geriebenem Cheddar bestreuen und ca. 5-7 Minuten zu Ende garen.

Am besten mit Reis genießen.

ELSÄSSER SAUERKRAUTPLATTE

Im Roman *Goldfinger* (1959) verschlägt es Bond auf der Jagd nach dem titelgebenden Schurken u. a. nach Frankreich und in die Schweiz, wo er in der Nähe des opulenten Hôtel des Bergues in Genf die herzhaften Genüsse der nahegelegenen Brasserie *Bavaria* genießt – in fester und in flüssiger Form: »Bond saß am Fenster und trank Enzianschnaps, den er mit hellem Löwenbräu hinunterspülte. (...) Der Schnaps, destilliert aus der Wurzel des Gelben Enzians und maßgeblich verantwortlich für den chronischen Alkoholismus der Schweizer, begann, Bonds Magen zu wärmen und seine Anspannung zu lösen. Er bestellte gleich noch einen Doppelten und eine *Choucroute garnie* sowie eine Karaffe Fendant.« *Choucroute garnie* (»garniertes Sauerkraut«) ist ein Küchenklassiker aus dem Elsass, bestehend aus Sauerkraut mit Würsten, Kartoffeln und anderem gepökeltem Fleisch. Bemerkenswert hierbei ist, dass es für *Choucroute garnie* kein festes Rezept gibt; stattdessen wird das Gericht stark von der jeweiligen Region beeinflusst, in der man es bekommt. Konstant dabei ist nur, dass das Kraut immer zusammen mit verschiedenen Fleischsorten gekocht wurde. Übrigens: Das *Bavaria*, das Bond im Buch besucht, gab es an der angegebenen Adresse (49 rue du Rhône in Genf) zu Flemings Zeit tatsächlich. Inzwischen befindet sich dort allerdings ein Prada-Geschäft.

ZUTATEN

Für 4 Portionen

2 EL Rapsöl
1 große Zwiebel, fein gehackt
2 Knoblauchzehen, fein gehackt
200 g Schinkenwürfel
200 ml Riesling (trocken)
300 ml Gemüsefond
1 kg Sauerkraut (aus der Dose)
2 Lorbeerblätter
2 Nelken
2 EL Kümmel
Salz, Pfeffer
400 g Kasselerlachs, im Stück
4 Knackwürste (Krakauer)

Für die Bratkartoffeln

600 kg Kartoffeln (festkochend), geschält und gestiftelt
Olivenöl
1 Schalotte, fein gewürfelt
Salz, Pfeffer

ZUBEREITUNG

In einem großen Topf bei mittlerer Hitze das Öl erwärmen. Die Zwiebel und den Knoblauch dazugeben und glasig dünsten. Die Schinkenwürfel hinzufügen und scharf anbraten. Mit dem Wein und dem Gemüsefond ablöschen und aufgießen. Das Sauerkraut, die Lorbeerblätter, die Nelken und den Kümmel dazugeben. Mit Salz und Pfeffer würzen und einmal aufkochen. Den Kasselerlachs in das Kraut legen und mit aufgesetztem Deckel 2 Stunden sanft köcheln lassen. In den letzten 20 Minuten die Würste mit hineingeben.

In der Zwischenzeit die Bratkartoffeln zubereiten (siehe unten). Schließlich den Kasselerlachs aus dem Topf nehmen und in Scheiben schneiden. Die Nelken und die Lorbeerblätter aus dem Sauerkraut entfernen und entsorgen. Das Kraut, den Kasseler, die Würste und die Bratkartoffeln auf vorgewärmten Tellern anrichten und sofort servieren. Dazu am besten mittelscharfen oder scharfen Senf reichen.

Die Bratkartoffeln zubereiten

Die Kartoffelstifte 5 Minuten in eine Schale mit kaltem Wasser legen, damit die Stärke austreten kann. Anschließend durch ein Sieb abgießen.

Das Öl in eine große Bratpfanne geben und auf der höchsten Stufe erhitzen. Die Kartoffel dazugeben und den Deckel auf die Pfanne setzen. Nach 5 Minuten die Kartoffeln das erste Mal wenden und die Hitze auf mittel reduzieren. Anschließend alle 5 Minuten wenden. Danach immer den Deckel wieder auf die Pfanne legen! Nach 25 Minuten die Schalotte dazugeben, ohne sie mit den Kartoffeln zu vermischen! Die Zwiebeln ca. 5 Minuten in der geschlossenen Pfanne andünsten und dann erst mit den Kartoffeln vermengen! Den Deckel abnehmen, die Hitze wieder auf hoch stellen und nochmals 5 Minuten offen anbraten. Kräftig mit Salz und Pfeffer würzen.

HUMMER THERMIDOR

Hummer gehört neben Kaviar und Austern zu den wohl exklusivsten Gerichten auf der an besonderen Genüssen nicht eben armen Speisekarte von James Bond. In *Dr. No* (1958) genießt er zusammen mit seinem Gefährten Quarrel auf Jamaika im *The Joy Boat*-Restaurant im Hafen von Kingston Hummer und Steak, in *Casino Royale* (1953) gegrillten Hummer mit geschmolzener Butter, und im Film *Stirb an einem anderen Tag* (2002) bestellt 007 (Pierce Brosnan) während seines Aufenthalts in Kuba beim Zimmerservice Hummer und einen 1962er Bollinger-Champagner. Allerdings ist es nicht ganz einfach, bei einem im Ganzen servierten Hummer an das köstlich-zarte Fleisch heranzukommen. Zuvorkommend, wie Sie sind, nehmen Sie Ihren Gästen diese Aufgabe ab, da Hummer Thermidor beim Servieren bereits aufgebrochen ist. Sie das am besten funktioniert, verraten Ihnen z. B. zahlreiche Videos auf YouTube. Machen Sie sich nichts daraus, wenn es beim ersten Mal vielleicht nicht gleich so klappt, wie Sie es gerne hätten. Wie bei vielen Dingen im Leben gilt auch hier: Übung macht den Meister!

ZUTATEN

Für 4 Portionen

500 ml Wasser
500 ml Weißwein (trocken)
500 ml Fischfond
200 g Suppengrün (Porree, Möhren, Sellerie), grob gewürfelt
4 Stängel Petersilie, grob gehackt
Salz, Pfeffer
1 EL Kümmel, gemahlen
2 Hummer à 450-500 g (möglichst frisch, sonst TK)
2 Schalotten, fein gehackt
30 g Butter zzgl. einiger Flocken zum Gratinieren
150 g Champignons, in dünnen Scheiben
½ EL Cayennepfeffer
Senf (mittelscharf)
100 g Sahne
1 EL Zitronensaft
4 ml Cognac
1 EL Weizenmehl
Cheddar, gerieben

ZUBEREITUNG

Das Wasser, den Weißwein und den Fischfond in einem großen Topf zum Kochen bringen. Das Suppengrün hineingeben und einige Minuten garen. Die Petersilie hinzufügen, mit Salz, Pfeffer und Kümmel würzen und die Hummer in die stark wallende Flüssigkeit geben. 5 Minuten bei großer Hitze kochen, dann die Temperatur auf niedrig reduzieren und nochmals 5 Minuten sanft simmern lassen. Die Hummer anschließend aus dem Topf nehmen und abkühlen lassen.

Die Hummer aufbrechen. Hierzu zunächst die Scheren und die Beine entfernen. Dann mit einem großen, scharfen Küchenmesser die Hummerkörper längs halbieren und den pergamentartigen Magen entfernen. Den grünlichen Rogen kann man bedenkenlos verzehren; alternativ entfernen. Den Schwanz abtrennen, den Darm entfernen und das Schwanzfleisch in Scheiben schneiden.

Die Hummerzangen jeweils an ihrer dicksten Stelle mit der stumpfen Seite eines schweren Küchenmessers beidseitig anschlagen. Wichtig: Nicht *durch*schlagen, sondern wirklich nur soweit einschlagen, dass man das Fleisch problemlos herausbekommt! Das Scherenfleisch grob würfeln.

In einer Pfanne bei mittlerer Hitze die Butter schmelzen. Die Schalotten glasig dünsten, die Champignons hineingeben und kurz anbraten. Mit dem Cayennepfeffer und dem Senf würzen, mit der Sahne aufgießen und ca. 5-10 Minuten einreduzieren. Den Zitronensaft und den Cognac dazugeben, abschmecken und ggf. nachwürzen.

Den Backofen auf 180° C vorheizen. Ein Backblech mit Backpapier auslegen.

Die Hummerschalen auf das Blech und das Hummer-Champignon-Ragout gleichmäßig hineinfüllen. Großzügig mit geriebenem Cheddar bestreuen, einige Butterflocken darauf geben und die Hummer für ca. 10 Minuten im Ofen gratinieren. Mit getoastetem Brot und Zitronenspalten servieren.

WALTHER

LAMMKEBAB

In *Liebesgrüße aus Moskau* (1957) hat 007 den Auftrag, eine Dechiffriermaschine der Russen zu beschaffen, ohne zu ahnen, dass das Ganze bloß ein Köder der Terrororganisation SMERSCH ist, um ihn nach Istanbul zu locken und dort zu liquidieren. Ohne etwas von den düsteren Schatten zu ahnen, die sich über seinem Kopf zusammenbrauen, diniert Bond mit seinem türkischen Kontaktmann Kerim Bey in einem schicken Restaurant am Ufer des Bosporus. Der erste Gang kann ihn nicht so recht überzeugen. Der zweite, Lammkebab mit geräuchertem Speck und Zwiebeln, sagt 007 dagegen schon entschieden mehr zu. Kein Wunder: Richtig zubereitet, hat die mediterrane Küche kaum etwas Besseres zu bieten!

ZUTATEN

Für 4 Portionen

Für die Lammspieße
4 Knoblauchzehen, gepresst
1 TL Salz
1 TL frischer Rosmarin, fein gehackt
1 MSP Kreuzkümmel
½ TL Cayennepfeffer
½ TL Paprikapulver
Etwas frische Petersilie, fein gehackt
5 EL Olivenöl zzgl. noch etwas mehr
Saft von ½ Zitrone
800 g Lammhackfleisch

Für den Tomaten-Gurken-Salat
2 EL Olivenöl
2 EL Zitronensaft
½ Salatgurke, geschält und gestiftelt
200 g Tomaten, fein gewürfelt
1 Schalotte, fein gewürfelt
5 Stiele frische Petersilie, fein gehackt
4 Stiele frische Minze, fein gehackt

Für den Hummus
250 g Kichererbsen (aus der Dose)
2 Knoblauchzehen, fein gepresst
120 g Tahin (Sesammus, ungesalzen)
100 ml eiskaltes Wasser
50 ml Kichererbsensud
1-2 EL Olivenöl zzgl. noch etwas mehr
½ TL Kreuzkümmel, gemahlen
Saft von ½ Zitrone

Für das Cacık
1 Stück Salatgurke (ca. 100 g)
200 g türkischer oder griechischer Joghurt
1 Knoblauchzehe, gepresst
1 EL frische Minze, fein gehackt
2 EL Olivenöl
Zitronensaft

ZUBEREITUNG

Die Lammspieße zubereiten
Den Knoblauch, das Salz, den Rosmarin, den Kreuzkümmel, den Cayennepfeffer, das Paprikapulver, die Petersilie, das Olivenöl und den Zitronensaft zu einer Marinade verrühren, das Hackfleisch hineingeben und alles gründlich vermengen. Mit Frischhaltefolie abgedeckt für mind. 2-3 Stunden kaltstellen.

Den Backofen auf 200° C vorheizen. Ein Backblech mit Backpapier auslegen.

Das Hackfleisch jeweils fingerdick um einen Metallspieß festdrücken. Auf das Backblech legen, mit Öl bepinseln und 20 Minuten in den Ofen geben; alle 5 Minuten wenden. Mit dem Tomaten-Gurken-Salat, dem Hummus und dem Cacık reichen.

Den Tomaten-Gurken-Salat zubereiten
In einer Schüssel das Öl mit Zitronensaft, Salz und Pfeffer verrühren. Die Schalottenwürfel, die Gurkenstifte, die Tomaten und die gehackten Kräuter dazugeben. Alles gründlich durcheinanderwerfen und ggf. nochmals mit Salz und Pfeffer abschmecken.

Den Hummus zubereiten
Die Kichererbsen durch ein Sieb abgießen. Dabei 50 ml Sud auffangen und ein paar Kichererbsen für die Garnitur beiseitelegen. Den Zitronensaft, den Knoblauch und ½ TL Salz in einen Standmixer geben und fein pürieren. Das Sesammus hinzufügen und kräftig durcharbeiten. Langsam das kalte Wasser und den Kichererbsensud dazugießen. Schließlich die Kichererbsen, das Öl und den Kreuzkümmel beigeben und mind. 3 Minuten durcharbeiten, bis eine geschmeidige, zarte Creme entsteht. Mit Salz und dem Zitronensaft abschmecken. Zum Servieren mit Olivenöl beträufeln und mit den beiseitegelegten Kichererbsen garnieren.

Das Cacık zubereiten
Die Gurke abwaschen, schälen und längs halbieren. Die Kerne herausschneiden. Die Gurke raspeln, in eine Schüssel geben, großzügig salzen und nach ca. ½ Stunde abgießen. Die Gurke in ein sauberes Küchentuch geben und die übrige Flüssigkeit herauspressen. Den »Gurkenbrei« in eine kleine Schüssel geben. Das Gurkenwasser beiseitestellen.

Den Knoblauch zusammen mit dem Joghurt, dem Gurkenbrei und dem Gurkenwasser in eine große Schüssel geben. Gut durchrühren. Mit dem Olivenöl, Pfeffer, Salz und etwas Zitronensaft abschmecken. Locker mit Frischhaltefolie abgedeckt mind. 12 Stunden im Kühlschrank ziehen lassen. Vor dem Servieren noch einmal gründlich durchrühren.

DESSERTS

The
12

TIRAMISÚ

Tiramisú ist ein weltberühmtes Dessert aus der italienischen Region Venetien, das aus abwechselnden Schichten von Löffelbiskuits und einer Creme aus Mascarpone, Eigelb und Zucker besteht. Die Löffelbiskuits werden dabei mit kaltem Espresso getränkt, der mit Marsala oder Amaretto, alternativ aber auch (je nach Belieben) mit Weinbrand oder einem anderen alkoholischen Getränk aromatisiert wurde. Obwohl ich sicher bin, dass 007 diese köstliche Nachspeise in jedem Fall lieber mit Alkohol genossen hätte, wird das Tiramisú, das im *ice Q* angeboten wird, ohne Promille zubereitet. Vermutlich hat das Gourmetrestaurant am Gipfel des Gaislachkogels im österreichischen Sölden, das 2015 bei den Dreharbeiten zu *Spectre* als Kulisse für die futuristische Hoffler-Klinik diente, bei der Zubereitung bewusst auf die Beigabe von Schnaps verzichtet. Sonst wäre die spektakuläre Verfolgungsjagd im Schnee, als Mr. Hinx, der schweigsame Handlanger von Bonds Erzfeind Blofeld, Madeline Swann entführen will, für 007 und die geheimnisvolle Ärztin (und für Cast und Crew) womöglich weniger glimpflich ausgegangen. Sie wissen ja: *Don´t drink and drive* … schon gar nicht ein Britten-Norman BN-2 Islander-Propellerflugzeug …

ZUTATEN

Für 4 Portionen

200 g Löffelbiskuits
125 ml Espresso (gut gekühlt)
2 Eier
80 g Puderzucker
40 ml Weinbrand
500 g Mascarpone
3 EL Kakaopulver
Etwas Zitronenabrieb

Außerdem erforderlich

Dessertform (ca. 20 x 30 cm)

ZUBEREITUNG

Die Hälfte der Löffelbiskuits in die Form legen und mit der Hälfte des Espressos bestreichen.

Die Eier trennen. Das Eiweiß in einer kleinen Schüssel mit einem Handrührgerät so lange schlagen, bis sich steife Spitzen bilden. In einer anderen kleinen Schüssel das Eigelb mit dem Puderzucker und dem Weinbrand so lange aufschlagen, bis eine dickflüssige Creme entsteht. Dann den Mascarpone unterrühren. Schließlich den Eischnee mit einem Schneebesen locker unter die Creme heben.

Die Hälfte der Creme gleichmäßig auf den Löffelbiskuits in der Form verteilen. Die übrigen Biskuits darauf geben, mit dem restlichen Espresso bestreichen und den Rest der Creme darauf schichten. Die Oberfläche glattstreichen. Mit Frischhaltefolie abdecken und mind. 2 Stunden im Kühlschrank durchziehen lassen, am besten über Nacht.

Vor dem Servieren mit etwas Zitronenabrieb bestreuen und mit Kakaopulver bestäuben.

ERDBEEREN IN KIRSCHWASSER

Im Roman *Moonraker* (1955) nehmen Bond und sein Vorgesetzter M im *Blades*, einem fiktiven Gentlemen´s Club in London, ihr Abendessen ein, ehe 007 sich am Kartentisch mit Sir Hugo Drax misst, einem schwerreichen Industriellen, der nicht bloß beim Bridge betrügt, sondern außerdem plant, mit einer Atomrakete die britische Metropole auszulöschen. Nachdem M als Hauptgang Kaviar, scharfe Nierchen und Schinken mit Erbsen und Frühkartoffeln ordert, entscheidet Bond sich zum Nachtisch für Erdbeeren in Kirschwasser. Dabei erkundigt sich der Kellner: »Möchten Sie nach den Erdbeeren auch noch einen Markknochen, Sir? Wir haben heute ein halbes Dutzend geliefert bekommen, und einen davon habe ich zurückgelegt für den Fall, dass Sie heute Abend vorbeischauen.« Woraufhin M erwidert: »Aber natürlich. Sie wissen doch, dass ich da nicht widerstehen kann!« Ich nehme an, auf solche fragwürdigen Ideen wie Markknochen nach einem Erdbeer-Dessert können nur die Briten kommen, denen wir ansonsten solche kulinarischen »Highlights« wie zu Brei gekochtes Gemüse, frittierte Mars-Riegel und das wohl schlechteste Frühstück der Welt verdanken. Dementsprechend habe ich bei diesem Rezept auf den Knochen verzichtet. Übrigens: Mit der Verfilmung von 1979 hat Flemings Roman außer dem Namen des Schurken und dem Titel wenig gemein. Aufgrund des phänomenalen Erfolgs des ersten *Star Wars*-Films beschlossen die Produzenten seinerzeit, die Handlung des Buches massiv zu verändern und das Geschehen größtenteils ins Weltall zu verlegen, in der Hoffnung, so vom damaligen Krieg-der-Sterne-Hype zu profitieren. Und im Gegensatz zu Drax´ Machenschaften ging dieser Plan voll auf: Mit einem Einspielergebnis von 210 Mio. US-Dollar war *Moonraker* international der erfolgreichste Film des Jahres!

ZUTATEN

Für 2 Portionen

ca. 300 g frische Erdbeeren
3 EL Kirschwasser
1 EL brauner Rohrzucker
200 ml Sahne
1 TL Vanillezucker
2 Maraschinokirschen (aus dem Glas)
Einige Minzblätter, als Garnitur

ZUBEREITUNG

Die Erdbeeren waschen, den Stamm entfernen und grob vierteln. In eine Schüssel geben. Das Kirschwasser und den Zucker hinzufügen und behutsam durcheinanderwerfen, um die Erdbeeren komplett damit zu überziehen. 20 Minuten ziehen lassen.

In der Zwischenzeit in einer separaten Schüssel die Sahne mit dem Vanillezucker vermischen und mit einem Handmixer so lange schlagen, bis sich steife Spitzen bilden.

Die Erdbeeren auf zwei Schalen verteilen und die Kirschwasser-Zucker-Flüssigkeit aus der Schüssel darüber träufeln. Jeweils mit einem großzügigen Löffel Schlagsahne versehen, mit einer Maraschinokirsche krönen und mit frischen Minzblättern garniert servieren.

KEY LIME PIE

Im Film *Lizenz zum Töten* (1989) führt Bond eine persönliche Blutfehde gegen den sadistischen Drogenbaron Franz Sanchez, der mit Hilfe des Fernsehpredigers Professor Butcher im großen Stil Drogen unters Volk bringt. Um sich für seine Verhaftung durch Bond und Felix Leiter von der CIA zu rächen, übt Sanchez grausame Rache an Leiter und seiner frisch angetrauten Frau Della. Da der Secret Service 007 untersagt, weiter in dem Fall zu ermitteln, quittiert Bond kurzerhand den Dienst und macht auf eigene Faust Jagd auf Sanchez. Das unschöne Schicksal von Bonds bestem Freund Felix und seiner Braut steht hierbei in krassem Widerspruch zu diesem köstlichen Kuchen, der im Film – in deutlich spektakulärerer Form – als mehrstöckige Torte auf der Hochzeitsfeier serviert wird. Der Key Lime Pie ist so etwas wie der Nationalkuchen Floridas und verdankt seinen Namen dem Umstand, dass für die Zubereitung eigentlich Echte Limetten von den Florida Keys verwendet werden. Limetten aus dem Supermarkt um die Ecke tun´s allerdings auch.

ZUTATEN

Für 1 Kuchen

Für den Keksboden

100 g Butter (flüssig) sowie noch etwas mehr zum Einfetten der Backform

200 g Butterkekse

30 g Zucker

Für die Füllung

175 ml Limettensaft

800 ml gesüßte Kondensmilch

2 Eigelb

100 g Schmand

1 TL Limettenabrieb

Limettenabrieb, als Garnitur

Limettenscheiben, als Garnitur

Außerdem erforderlich

1 Springbackform (ca. 30 cm Ø)

ZUBEREITUNG

Den Keksboden zubereiten

Den Backofen auf 180° C vorheizen. Die Backform großzügig mit Butter einfetten.

In einer Schüssel die Kekse fein zerbröseln und mit der flüssigen Butter und dem Zucker vermischen. Die Mixtur in die Backform geben und gleichmäßig mit einem Löffel angedrückt. Die Keksbrösel dabei vorsichtig am Rand der Backform hochziehen. Den Keksboden ca. 8-10 Minuten im Ofen backen. Aus dem Backofen nehmen und vollständig abkühlen lassen.

Die Füllung zubereiten

Während der Keksboden vorgebacken wird, die Füllung zubereiten. Hierfür in einer Schüssel den Limettensaft, die Kondensmilch, das Eigelb, den Schmand und den Limettenabrieb verrühren.

Alles zusammenfügen

Die Füllung auf den abgekühlten Keksboden geben und gleichmäßig verteilen. Den Kuchen für ca. 25-30 Minuten in den Backofen geben. Der Key Lime Pie ist fertig, wenn die Füllung zwar noch etwas »wabbelig«, aber nicht zu fest ist. Aus dem Ofen nehmen und vollständig abkühlen lassen. Erst danach für mind. 2 Stunden in den Kühlschrank stellen!

Zum Servieren behutsam aus der Form lösen und mit etwas Limettenabrieb und Limettenscheiben garnieren.

XIII
VI

EISCREME MIT BUTTERSCOTCH-SOSSE

Im zweiten Bond-Roman von Ian Fleming, *Leben und sterben lassen* (1954), wird 007 auf Mr. Big angesetzt, den mächtigsten Gangsterboss von New York und einen mutmaßlichen Agenten der skrupellosen russischen Geheimorganisation SMERSCH. Bei seiner Ankunft im St. Regis, »dem besten Hotel in New York«, wird Bond schon von seinem alten Freund Felix Leiter von der CIA erwartet, mit dem er bei diesem Fall zusammenarbeiten soll. Um dem Briten seinen Aufenthalt in den USA so angenehm wie möglich zu gestalten, hat Felix in weiser Voraussicht schon mal das Abendessen aufs Zimmer bestellt: »Weichpanzerkrabben mit Sauce tartare, Rindfleisch-Hamburger vom Holzkohlegrill, Pommes frites, Brokkoli, gemischter Salat mit Thousand-Island-Dressing, Eiscreme mit geschmolzenem Butterscotch und die beste Liebfrauenmilch, die man in Amerika bekommen kann.« An sich eine gelungene Zusammenstellung – hätte 007 nicht gewisse Vorbehalte gegen Butterscotch. Vermutlich kennt er schlichtweg dieses großartige Rezept noch nicht, denn dieses Eis mit Butterscotch-Soße ist einfach köstlich und kann auch von Agenten im Feldeinsatz problemlos zubereitet werden, da Sie für dieses Karamellsoßen-Rezept im Gegensatz zu anderen Varianten kein Küchenthermometer benötigen!

ZUTATEN

Für 4 Portionen

1 Vanilleschote

150 g Sahne

100 g dunkelbrauner Roh-Rohrzucker

50 g Butter

¼ TL feines Meersalz

600 ml Eiscreme nach Wahl

30 g Walnüsse, gehackt (optional)

Außerdem erforderlich

Behältnis zum Abfüllen der Butterscotch-Soße

ZUBEREITUNG

Die Vanilleschote mit einem scharfen kleinen Messer der Länge nach aufschlitzen und das Mark herauskratzen.

Das Vanillemark zusammen mit der Sahne, dem Rohrzucker, der Butter und dem Meersalz in einen kleinen Topf geben und bei starker Hitze unter ständigem Rühren so lange erwärmen, bis sich die Butter und der Zucker vollständig aufgelöst haben. Die Mischung zum Kochen bringen. Dann sofort die Hitze auf niedrig reduzieren und die Karamellsoße ca. 5-10 Minuten sanft köcheln lassen, bis sie sämig ist. Abschmecken und ggf. noch etwas mehr Salz dazugeben.

Die Soße in ein sterilisiertes Behältnis oder eine kleine Flache mit Deckel abfüllen, gut verschließen und vor dem Verzehr vollständig abkühlen lassen. Vor Gebrauch aufschütteln. Im Kühlschrank aufbewahren!

Zum Servieren die Eiscreme Ihrer Wahl in Portionsschalen geben, großzügig die Butterscotch-Soße darüber träufeln und optional mit gehackten Walnüssen bestreuen.

Champagne
Dom Pérignon

DR. NOS CHAMPAGNERSORBET

Obwohl *Dr. No* (1958) chronologisch gesehen der sechste Bond-Roman aus der Feder von Ian Fleming ist, diente das Buch als Vorlage für den ersten Bond-Film überhaupt, *James Bond jagt Dr. No* (1965) mit Sean Connery. Darin verschlägt es 007 nach Jamaika, um dem Verschwinden von Dr. Strangways und seiner Sekretärin nachzugehen, die das dortige MI6-Büro leiten. Unmittelbar nach seiner Ankunft auf der Karibikinsel – auf der Fleming jedes Jahr mehrere Monate in seinem Ferienhaus verbrachte, um einen neuen Bond-Roman zu schreiben – entgeht 007 nur knapp mehreren Mordanschlägen. Sein treuer Gefährte Quarrel vermutet, dass der mysteriöse Dr. No hinter allem steckt, der auf der Insel Crab Key vor der Küste mit dem Abbau von Guano ein Vermögen verdient hat. Als es Bond später zusammen mit der Muschelsucherin Honeychile »Honey« Rider nach Crab Key verschlägt, geraten sie in Dr. Nos Gewalt, der dem Agenten beim Abendessen nicht bloß in bester Superschurkenmanier von seinen Plänen berichtet, sondern ihm auch ein ausgezeichnetes Mahl serviert, bestehend u. a. aus Kaviar, gegrillten Lammkoteletts, Salat und Austern im Speckmantel. Dummerweise hat Dr. No selbst keine Möglichkeit, diese Köstlichkeiten zu genießen, da ihm eine chinesische Verbrecherorganisation als Vergeltung dafür, dass er ihnen eine Million Dollar gestohlen hat, die Hände abgehackt hat. Im Gegensatz zum Film, wo er Handprothesen trägt, enden Nos Armstümpfe im Roman deshalb in metallenen Zangen, was die Einnahme herkömmlicher Nahrung zu einer echten Herausforderung macht. Daher ernährt er sich vornehmlich von Suppen und feinen Pürees, die er entweder mit einem Löffel mit kurzem Stiel verspeist, der genau zwischen seine Zangen passt, oder mit einem Strohhalm schlürft, und da der gute Doktor trotz allem nicht auf sein Dessert verzichten möchte, nimmt er so auch seinen exklusiven Nachtisch zu sich: Champagnersorbet.

ZUTATEN

Für 4 Portionen

150 g Zucker
150 g Wasser
750 ml Champagner
Zeste von 1 Limette, gerieben
Etwas frische Minze, als Garnitur

Außerdem erforderlich

Eismaschine

ZUBEREITUNG

In einem kleinen Topf bei mittlerer Hitze den Zucker mit dem Wasser aufkochen und anschließend komplett abkühlen lassen.

600 ml Champagner mit dem Läuterzucker und der geriebenen Limettenschale in die Eismaschine füllen und nach Geräteanleitung zu Sorbet verarbeiten.

Das fertige Sorbet in Champagnerschalen füllen, jeweils mit etwas von dem restlichen Champagner auffüllen und mit einem Blatt frischer Minze garnieren. Sofort servieren!

DRINKS

DEALER

WODKA MARTINI

Der Wodka Martini ist der Drink, den die Welt gemeinhin mit 007 assoziiert, und höchstwahrscheinlich das bekannteste Getränk der Literatur- und Filmgeschichte. Bereits im allerersten Bond-Roman *Casino Royale* (1953) bestellt 007 einen für damalige Verhältnisse ausgesprochen ungewöhnlichen Martini: Obwohl dieser Drink seinerzeit aus Gin und französischem Wermut gemixt wurde, ordert der Geheimagent Ihrer Majestät einen mit Gin, Wodka, Kina Lillet und einer dünnen Zitronenzeste, nach seiner tragischen großen Liebe Vesper Lynd »Vesper« getauft. Später lässt 007 den Lillet und den Gin dann weg und konzentriert sich ganz auf den Wodka, meistens garniert mit einer Olive. In allen Filmen folgt auf die Bestellung des Drinks in irgendeiner Form der ikonische Satz: »Geschüttelt, nicht gerührt.« Eine amüsante Ausnahme ist *Casino Royale* (2006), wo Daniel Craig als Bond auf die Nachfrage des Barkeepers, ob er seinen Drink geschüttelt oder gerührt möchte, knochentrocken erwidert: »Sehe ich aus, als ob mich das interessiert?« Tatsächlich erübrigt sich diese Frage unter Kennern ohnehin, da ein echter Martini *immer* gerührt und *niemals* geschüttelt wird!

ZUTATEN

Für 1 Drink

3 grüne Oliven, entsteint
6 cl Gin
2 cl Wodka
1 cl Lillet Blanc
Einige Eiswürfel

Außerdem erforderlich

Martiniglas, Cocktailpikser, Cocktailshaker

ZUBEREITUNG

Ein Martiniglas einige Minuten lang zum Abkühlen ins Eisfach geben.

Die entsteinten Oliven auf einen Cocktailpikser stecken.

Einen Cocktailshaker zur Hälfte mit Eiswürfeln füllen. Den Gin, den Wodka und den Lillet Blanc hineingeben und so lange behutsam shaken, bis der Drink eiskalt ist (ca. 20-30 Sekunden).

Vorsichtig ohne das Eis in das vorgekühlte Martiniglas seihen und mit dem Oliven-Pikser garnieren. Sofort servieren.

TOP SECRET
HM TREASURY
VESPER LYND

VESPER

Neben dem Wodka Martini ist der Vesper der wohl bekannteste Drink aus der Welt von James Bond. Bereits im allerersten 007-Roman *Casino Royale* (1953) – und auch im grandiosen gleichnamigen Film mit Daniel Craig – bestellt Bond diesen Drink, um ihn später nach der Frau zu benennen, in die er sich unsterblich verliebt: Vesper Lynd. Im Buch ordert Bond beim Barkeeper im Casino von Royale-les-Eaux »einen trockenen Martini in einer tiefen Champagnerschale. (...) Drei Teile Gordon´s, ein Teil Wodka, ein halber Teil Kina Lillet. Schütteln Sie alles gut durch, bis es eiskalt ist, und fügen Sie dann ein großes dünnes Stück Zitronenschale hinzu.« Anschließend erklärt er seinem Freund Felix Leiter von der CIA: »Dieser Cocktail ist meine eigene Erfindung. Ich werde ihn mir patentieren lassen, sobald mir ein guter Name dafür eingefallen ist.« Wie die Sache ausgeht, wissen wir, und auch, wie gut dieser Drink ist. Allerdings wurde der Vesper entgegen jahrelanger anderslautender Behauptungen *nicht* von Ian Fleming, sondern von seinem Kumpel Ivar Bryce erfunden – der mit zweitem Vornamen übrigens Felix heißt, genau wie Bonds Kollege von der CIA, der im Film von 2006 beeindruckt dasselbe bestellt: »Aber ohne dieses Gemüse!« Bleibt anzumerken, dass heute statt des seinerzeit üblichen tiefen Sektkelchs meist ein Martiniglas zum Servieren dieses Drinks verwendet wird. Außerdem ist Kina Lillet, das extrem viel Chinin enthielt, seit 1987 nicht mehr auf den Markt, weshalb der Vesper laut der International Bartenders Association (IBA) inzwischen offiziell mit Lillet Blanc zubereitet wird.

ZUTATEN

Für 1 Drink

6 cl Gin
2 cl Wodka
1 cl Lillet Blanc
Eis (zum Shaken)
Dünne Zitronenspirale, als Garnitur

Außerdem erforderlich

Zestenschneider, Cocktailshaker, Barsieb

ZUBEREITUNG

Den Gin, den Wodka und den Lillet Blanc mit einigen Eiswürfeln in einen Cocktailshaker geben und behutsam 30 Sekunden lang schütteln. Durch ein Barsieb in eine Champagnerschale oder ein Martiniglas seihen.

Mit einem Zestenschneider eine möglichst dünne Zitronenspirale zurechtschneiden, den Drink damit garnieren und sofort servieren.

BLOODY MARY

Die Bloody Mary ist ein klassischer Cocktail aus Wodka, Tomatensaft, Zitrone und Würzmitteln und dürfte den meisten vor allem als »Flugzeugdrink« bekannt sein, da die Geruchs- und Geschmacksschwelle bei niedrigem Druck höher liegt, weshalb Speisen und Getränke, die wir am Boden als überwürzt ansehen würden, in der Luft genau »richtig« schmecken. Obwohl die Entstehung des Longdrinks und seines Namens unklar ist, geht beides einer weit verbreiteten Thekenlegende zufolge auf den Hollywood-Schauspieler George Jessel (1898–1981) zurück, der anno 1927 nach einer durchzechten Nacht in einer Bar in Florida die letzte noch verbliebene Flasche Wodka mit Tomatensaft, Worchestersoße und Zitronensaft mischte, um den Kater der Anwenden zu lindern. Eine davon, Mary Brown Warburton, soll dann damit ihr Kleid bekleckert und gerufen haben: »Now you can call me bloody Mary, George!« Daraufhin habe Jessel seinen neu kreierten Drink so getauft – was wiederum zu einem Streit mit Warburtons Freund, dem Comedian Ted Healy (1896–1937), geführt haben soll, der den Schauspieler daraufhin zu erschießen versuchte. Den Wahrheitsgehalt dieser Geschichte können wir zwar nicht bestätigen – doch der *Alkohol*gehalt einer gut gemachten Bloody Mary kann sich sehen lassen! Kein Wunder, dass Bond im Roman *Feuerball* (1961) ausgesprochen beeindruckt ist, als Domino, die Geliebte des Schurken Largo, auf seine Frage, ob sie »etwas Hartes oder lieber etwas Leichtes trinken« möchte, erwidert: »Etwas Leichtes. Ich nehme eine doppelte Bloody Mary mit extra viel Worcestersoße.« Und genau wie 007 kann man nicht umhin, sich zu fragen: »Und was ist für Sie dann etwas *Hartes*?«

ZUTATEN

Für 1 Drink

1 dünne Stange Staudensellerie (ca. 20 cm lang)

8-10 Eiswürfel, je nach Größe

5 cl Wodka

1 cl Zitronensaft, frisch gepresst

1 TL Worcestersoße

1 Spritzer Tabasco

1 Prise Selleriesalz

1 Prise frisch gemahlener schwarzer Pfeffer

15 cl Tomatensaft

1 Zitronenspalte

Außerdem erforderlich

Rührglas, Longdrinkglas, Barsieb

ZUBEREITUNG

Den Staudensellerie waschen, trocknen und die Enden abschneiden.

Die Eiswürfel in das Rührglas geben. Den Wodka, den Zitronensaft, die Worcestersoße, den Tabasco, das Selleriesalz, den Pfeffer und den Tomatensaft dazugeben und alles so lange mit einem Löffel verrühren, bis das Glas beschlägt.

Den Inhalt des Rührglases dann durch ein Barsieb in das Longdrinkglas gießen. Die Selleriestange hineinstecken, den Rand des Glases mit der Zitronenspalte dekorieren und sofort servieren.

STINGER

Der Stinger ist nicht bloß der Lieblingsdrink von einem, sondern gleich von *zwei* Bond-Girls: von Tiffany Case aus *Diamantenfieber* und von Domino Vitali aus *Feuerball*. Ursprünglich wurde dieser Cocktail um das Jahr 1890 von Reginald »Reggie« Vanderbilt in New York ersonnen, einem trinkfreudigen Millionär, und erfreute sich zu Zeiten der Prohibition (1920–1933) in den USA großer Beliebtheit, da der Pfefferminzlikör den Alkoholgeruch selbst destillierter Spirituosen geschickt übertünchte. Wichtig beim Stinger ist die Wahl des verwendeten Likörs. Hier sollte man sich stets für die trockenere »weiße« Variante entscheiden, wie z. B. Giffard Menthe-Pastille, statt für die ebenfalls erhältliche grüne. Denn obwohl der Geschmack derselbe ist, erhält der Stinger durch den grünen Likör, wenn er mit dem bernsteinfarbenen Cognac vermischt wird, eine unappetitlich-trübe Färbung, wie gebrauchtes Badewasser. Nicht lecker!

ZUTATEN

Für 1 Drink

1 großer Eiswürfel
2 cl Cognac
1 cl Creme de Menthe
Eis (zum Shaken)
1 Orangenscheibe

Außerdem erforderlich

Martiniglas, Cocktailshaker, Barsieb

ZUBEREITUNG

Den Eiswürfel in ein Martiniglas geben.

Den Cognac und den weißen Pfefferminzlikör mit einigen Eiswürfeln in einen Cocktailshaker geben und behutsam 30 Sekunden lang schütteln. Anschließend durch ein Barsieb in das Martiniglas seihen.

Mit einer Orangenscheibe am Rand dekorieren und sofort servieren.

MOJITO

In *Stirb an einem anderen Tag* (2002), dem vierten und letzten Bond-Film mit Pierce Brosnan in der Rolle des smarten Geheimagenten, bietet 007 der NSA-Agentin Jinx Johnson (Halle Berry) in einer Strandbar großzügig einen Schluck von seinem Mojito an. In den Romanen wird dieser Drink nirgends erwähnt, doch da es Anfang der 00er-Jahre (wie passend!) einen regelrechten Mojito-Hype gab und die Szene überdies auf Kuba spielt, woher der Mojito ursprünglich stammt, lag es natürlich nahe, den Drink in die Sequenz einzubauen. Heute kennt jeder den Mojito, der auf eine lange Tradition von Rum-Getränken in der Karibik zurückgeht. So soll der britische Freibeuter Sir Francis Drake (1540–1596) bereits im 16. Jahrhundert ein Gesöff aus Zucker, Limetten, Aguardiente de Caña (eine Art Zuckerrohrschnaps) und Minze gegen seine Magenbeschwerden konsumiert haben. Richtig berühmt wurde der Mojito allerdings erst durch Ernest Hemingway (1899–1961), Literaturnobelpreisträger und wie Bond ein strammer Trinker, der diesen Drink stets in seiner Stammkneipe *La Bodeguita del Medio* in Havanna bestellte, wo heute noch ein Ausspruch von Hemingway über der Theke prangt: »Meinen Mojito in der *Bodeguita*, meinen Daiquiri in der *Floridita*« – ein Verweis auf eine andere Bar in der Stadt, in der Hemingway mit solcher Regelmäßigkeit verkehrte, dass ihm zu Ehren seit 2003 eine lebensgroße Bronzefigur des Dichters am Tresen sitzt, der die Barkeeper des *El Floridita* jeden Tag einen Daiquiri hinstellen. Na, dann: *Salud!*

ZUTATEN

Für 4 Portionen

1 Limette
2 EL Rohrzucker
3 Zweige frische Minze sowie noch etwas mehr als Garnitur
Eiswürfel oder zerstoßenes Eis
5 cl weißer Rum
9 cl Mineralwasser (mit Kohlensäure)

Außerdem erforderlich

Longdrinkglas, Barstößel

ZUBEREITUNG

Die Limette waschen und in feine Spalten schneiden. Die Minze waschen. Den Zucker und die Limettenstücke in ein Longdrinkglas geben.

Die Minze leicht zwischen den Händen zerdrücken, damit die ätherischen Öle besser austreten können, und mit ins Glas geben. Alles vermischen und mit einem Barstößel oder der Rückseite eines Esslöffels behutsam die Limetten mit dem Zucker und der Minze zerstoßen.

Die Eiswürfel hinzufügen, den Rum hineingießen und alles gut verrühren. Mit dem Mineralwasser auffüllen und mit etwas frischer Minze garniert servieren.

OLD FASHIONED

Der Old Fashioned gehört zu den größten Cocktailklassikern überhaupt. Dementsprechend verwundert es nicht, dass sowohl Ian Fleming, als auch sein Held James Bond eine ausgeprägte Vorliebe für diesen Drink besitzen, der u. a. in den Romanen *Diamantenfieber* (1956), *Feuerball* (1961) und *Leben und sterben lassen* (1954) prominent vertreten ist. Wie bei allen Cocktails mit wenigen Zutaten ist die Qualität der einzelnen Elemente beim Old Fashioned von größter Bedeutung. Als Bond in *Leben und sterben lassen* zusammen mit der rätselhaften Solitaire im (fiktiven) Expresszug *The Silver Phantom* in dem Versuch, Mr. Big und seinen Handlangern zu entkommen, von New York nach St. Petersburg, Florida, fährt und beim Zugbegleiter Hähnchensandwiches, Sanka-Kaffee und zwei Old Fashioned ordert, legt der Geheimagent allergrößten Wert darauf, dass für die Zubereitung der Drinks ausschließlich Old Granddad verwendet wird, ein traditioneller Bourbon mit einem besonders hohen Roggenanteil. Und weil man auf einem Bein bekanntlich nicht stehen kann, nimmt Bond selbst hiervon grundsätzlich immer einen Doppelten.

ZUTATEN

Für 1 Drink

2-3 Eiswürfel

6 cl Bourbon

1 Zuckerwürfel

1-2 Schuss Angostura Bitter (oder anderer Bitterlikör)

Etwas Orangenzeste, als Garnitur

1 Orangenscheibe

Außerdem erforderlich

Tumbler, Zestenschneider

ZUBEREITUNG

Die Eiswürfel in ein beliebiges Glas geben und den Bourbon darübergießen.

Den Zuckerwürfel in ein zweites Glas geben. Ein oder zwei Schuss Angostura oder einen anderen Bitterlikör darüber träufeln (je nach Geschmack). Den Zucker leicht mit einem Löffel zerdrücken.

Den Bourbon und das Eis umrühren, bis die gewünschte Temperatur erreicht ist (ca. 20-30 Sekunde), dann den Whiskey ohne das Eis über den zerdrückten Zucker im anderen Glas gießen. Jetzt den Zucker durch Umrühren komplett auflösen.

Zum Servieren einen großen Eiswürfel und die frisch gezogene Orangenzeste dazugeben. Die Zeste leicht mit dem Löffel andrücken, sodass die darin enthaltenen ätherischen Öle besser freigesetzt werden, und den Glasrand mit einer Orangenscheibe garnieren.

BLACK VELVET

Im Roman *Diamantenfieber* (1956) besuchen Bond und Bill Tanner, der Stabschef des MI6, das legendäre Londoner Restaurant *Scott´s* in Mayfair, das damals wie heute für seine Auswahl an marktfrischem Fisch, Meeresfrüchten und Kaviar sowie für seine elegante Austern- und Champagnerbar bekannt ist – also ein Etablissement ganz nach dem Geschmack von 007! Bond bestellt »farcierte Krebse und dazu ein Pint Black Velvet« – eine reichlich verwegene Bestellung, wenn man bedenkt, dass ein Pint fast einem halben Liter entspricht und dieser Cocktail im Original zu gleichen Teilen aus Bier und Champagner besteht. Gut möglich, dass dieser Promille-Wumms ursprünglich dem Zweck diente, den Kummer derer zu ertränken, die ihn goutierten, denn dieser eigenwillige Drink ist quasi die flüssige Trauerfeier für Prinz Albert (1819–1861), den Gemahl von Königin Victoria. Ursprünglich 1861 im *Brook´s Club* in London kreiert, um dem verblichenen Adeligen zu gedenken, der unlängst an Typhus gestorben war, soll die nachtschwarze Farbe an ein Trauerflors erinnern. Nach einigem Experimentieren finde ich allerdings, dass ein Verhältnis von 3 Teilen Champagner auf 1 Teil Stout mit ein paar Spritzern Rohrzuckersirup diesen Drink wesentlich runder und gefälliger macht, weshalb sich hier meine Variante dieses Cocktails findet. Übrigens: Im Gegensatz zu den Engländern soll sich Fürst Otto von Bismarck (1815–1898) derart über den Tod des Prinzen gefreut haben, mit dem ihn eine langjährige Feindschaft verband, dass der Black Velvet fortan sein Lieblingsdrink war. So ist eben alles eine Frage der Perspektive.

ZUTATEN

Für 1 Drink

2 TL Rohrzuckersirup

3 cl Stout-Bier (vorzugsweise Guinness)

9 cl Champagner

Außerdem erforderlich

Champagnerkelch oder -flöte

ZUBEREITUNG

Den Sirup in einen Champagnerkelch oder eine Champagnerflöte geben und mit dem Bier aufgießen.

Behutsam mit dem Champagner auffüllen, vorsichtig umrühren, damit sich eine schöne Schaumkrone bildet, und sofort servieren.

PINK GIN

In *Der Mann mit dem goldenen Colt*, dem zwölften und letzten Bond-Roman aus der Feder von Ian Fleming, bekommt der Geheimagent es nach einer Gehirnwäsche nebst anschließender Rehabilitierung mit dem Profikiller Francisco Scaramanga zu tun, der als der beste Pistolenschütze der Welt gilt und für den Tod mehrerer Agenten verantwortlich ist. Bonds Auftrag: Herausfinden, wer hinter den Mordaufträgen steckt, und den Killer eliminieren. Es gelingt 007, sich als Leibwächter bei Scaramanga einzuschleusen und ihn zu einem Treffen mit seinen Auftraggebern zu begleiten, wo Bond beim Barkeeper einen Pink Gin mit Beefeater »und jeder Menge Bitter« ordert. Ursprünglich überhaupt nicht als Cocktailzutat gedacht, sondern als Medizin (übriges genau wie Tonic Water), werden Bitters meistens bei klassischen Cocktails verwendet, um ihnen einen mehr oder weniger ausgeprägten Bittergeschmack und eine gewisse Kräutertiefe zu verleihen. Doch lassen Sie sich von der hübschen rosa Färbung nicht täuschen: Den trinkfestesten Agenten der Welt mag dieses Getränk vielleicht nicht umhauen, aber Feierabendspione mit weniger robuster Leber sollten es hiermit lieber nicht übertreiben!

ZUTATEN

Für 1 Drink

4 cl Gin (vorzugsweise Pink Gin)

2-3 Spritzer Angosturabitter

1 cl Schweppes »Russian Wild Berry«

3-4 frische Himbeeren

Zerstoßenes Eis

Außerdem erforderlich

Großes Weinglas

ZUBEREITUNG

Etwas zerstoßenes Eis in ein großes Weinglas geben.

Den Gin und den Angosturabitter über das Eis gießen, mit Schweppes auffüllen und kurz umrühren.

Mit den Himbeeren garnieren und sofort servieren.

TEXAS

NEGRONI

Er soll ein ziemlicher Windhund gewesen sein, ein Glücksritter und Spieler, ein lebenshungriger Playboy, der die Nächte gern in Bars verbrachte, bis ihm der Sonnenaufgang signalisierte, dass es allmählich Zeit wird, heimzugehen. Nein, die Rede ist hier ausnahmsweise nicht von James Bond, sondern von Graf Camillo Negroni (1868–1934), jenem italienischen Lebemann, dem wir dieses weltberühmte Kultgetränk verdanken, »von dem es so viele Varianten gibt, wie mögliche Zahlenkombinationen am Roulette-Tisch«, wie das Barkeeper-Magazin *Mixology* sehr treffend anmerkt. Im Wesentlichen ist der Negroni so etwas wie ein »Americano für Erwachsene«, ohne Soda und mit deutlich mehr Bumms. 007 ordert diesen Drink meist, wenn er nicht in der Stimmung für einen Martini ist, u. a. in den Romanen *Feuerball* und *Moonraker*, besonders prominent jedoch in der Novelle »Risiko«, während er in der *Excelsior*-Bar in Rom auf seinen Kontaktmann Kristatos wartet – »natürlich mit Gordon´s Gin«. Bond weiß eben, was gut ist!

ZUTATEN

Für 1 Drink

3 cl Dry Gin
3 cl Campari
3 cl roter Wermut
1 Orangenscheibe
4-5 Eiswürfel
Etwas Orangenzeste

Außerdem erforderlich

Tumbler

ZUBEREITUNG

Die Eiswürfel in einen Tumbler geben. 3 Minuten ruhen lassen.

In der Zwischenzeit die Orange gründlich waschen und mit einem scharfen Messer ein kleines, rundes Stück Schale ohne Fruchtfleisch herausschneiden. Beiseitelegen.

Den Gin, den Campari und den Wermut über das Eis im Tumbler gießen und umrühren.

Die Orangenschale zwischen Daumen und Zeigefinger klemmen und die ätherischen Öle aus der Zeste über den Drink spritzen. Alternativ mit der Schale den Rand des Glases entlangfahren.

Mit einer Orangenscheibe garniert servieren.

UND ZUM SCHLUSS ...

KENT
KENT
KENT

BONDS KATERKUR

Bond ist – man muss es leider so sagen – im besten Fall ein harter Trinker, im schlechtesten Alkoholiker. Kein Wunder, dass seine Leber laut des Stabsarztes vom MI6 »einigen Ärger macht« und Bonds allgemeine körperliche Verfassung zusehends unter seinem »ungesunden Lebenswandel« leidet – und das in solch bedrohlichem Maße, dass sein Vorgesetzter M 007 zu Beginn des Romans *Feuerball* (1961) zum Entgiften ins Sanatorium Shrublands in Sussex schickt. Natürlich hält Bonds Vorsatz auf Besserung nicht allzu lange an, sodass es nur eine Frage der Zeit ist, bis er mit dem nächsten Kater aufwacht. Um sich davon zu kurieren, bereitet er kurzerhand ein recht eigenwilliges »Gegenmittel« zu, das einmal mehr zeigt, was für ein zäher Bursche 007 ist. Das entsprechende Originalrezept finden Sie unten. Ganz im Ernst: Jedem, dem es gelingt, dieses Gebräu zu exen, ohne dabei eine Miene zu verziehen, verdient meinen allerhöchsten Respekt und sollte sich unbedingt auf seine Tauglichkeit als Geheimagent im Dienste Ihrer Majestät prüfen lassen, denn eine wichtige Voraussetzung für diesen Job erfüllen Sie dann zweifellos: Sie sind verdammt hart im Nehmen!

ZUTATEN

Für 1 Drink

1 Ei, möglichst frisch
1 TL Worcestersoße
½ TL Tabasco
Salz
Pfeffer

ZUBEREITUNG

Das frische, rohe Ei behutsam in ein Glas brechen; dabei darauf achten, dass das Eigelb »unverletzt« bleibt und keine Eierschale mit ins Glas gerät.

Die Worcestersoße und den Tabasco dazugeben. Nach Belieben mit Salz und Pfeffer würzen. NICHT umrühren!

Im Ganzen auf ex runterkippen und auf baldige Besserung hoffen!

DANKSAGUNG

Mit diesem Buch geht für mich ein lang gehegter Traum in Erfüllung, der allenfalls davon übertroffen werden könnte, dass aus heiterem Himmel Hollywood anrufen und mir anbieten würde, das Drehbuch für den nächsten Bond-Film zu schreiben (was tatsächlich etwas ist, wovon ich als junger, aufstrebender Autor von gerade einmal fünfzehn Lenzen des nachts kurz vor dem Einschlafen fantasiert habe – davon, und für den *Playboy* interviewt zu werden). Da dies jedoch in diesem Leben trotz aller Gebete vermutlich nicht passieren wird, freue ich mich umso mehr über diese Chance, zwei Dinge miteinander zu verbinden, die ich über alles liebe: 007 und kulinarischen Genuss! Dementsprechend ist dieses Werk so etwas wie mein Versuch, dem berühmtesten Geheimagenten der Welt meine Wertschätzung und meinen Respekt zu erweisen.

Doch im Gegensatz zu James Bond, der seine Missionen fast immer im Alleingang meistert, haben eine ganze Reihe wundervoller und unglaublich talentierter Menschen ihr Scherflein zum Gelingen dieses Projekts beigetragen. Als da wären (in keiner bestimmten Reihenfolge): Meine »M & Ms« Jo Löffler und Holger »Holle« Wiest von Panini Books, ohne die nichts so wäre, wie es ist; Roberts »Rob« Urlovskis, mein treuer Quartiermeister & Layouter, der für die meisten (technischen) Probleme stets zeitnah eine Lösung findet; Thomas Gießl, sozusagen mein Felix Leiter, der immer da ist, wenn man ihn braucht; Dimitrie »Dimi« Harder, der mir mit Tat & Rat bei zahlreichen großartigen Shootings geholfen hat, dieses Buch visuell auf die nächste Stufe zu heben; Angelos »Das mach` ich in 3D« Tsirigotis, der schwäbische Kristatos; Oskar Böhm & Annelies Haubold; der K-Clan mit Tobi, Andrea, Finja & Lea; Katharina »die einzig wahre Katze« Böhm, die beste Mutter (und Oma), die man sich nur wünschen kann; mein »Bruder von ´nem anderen Luder« Thomas B. nebst Anhang, für viele unvergessliche Momente; Thomas »Blofeld« Stamm und seine wunderbare Frau Alexandra, für Wertschätzung, Unterstützung und Freundschaft; Manfred Saffenreuther, der mich großzügig mit Paper Props und anderen Requisiten aus den Bond-Filmen

Für alles, das Ihnen an diesem Buch gefällt, danken Sie diesen Leuten. Für alle inhaltlichen Mängel, fragwürdige Formulierungen, fehlerhafte Mengenangaben und zu viel Selleriesalz hingegen dürfen Sie Asche auf mein kahles Haupt streuen. Oder, noch besser, Sie geigen mir mittels unten stehender Social-Media-Kanäle so richtig die Meinung – auch wenn ich mich über ein paar nette Worte entschieden mehr freuen würde!

Tom Grimm

Folgen Sie mir auf

tom.grimm.autor

@tom.grimm.autor

@tom_grimm_autor

www.grinningcat.de

ALLE FILME GESEHEN? JEDE SERIE GESCHAUT?
ALLE SPIELE GEZOCKT? DANN IST ES AN DER ZEIT, DEN GEEK-FAKTOR NOCH EIN BISSCHEN AUFZUDREHEN ... AM KÜCHENHERD!

HOLLYFOOD

75 REZEPTE FÜR FILMFANS, SERIENJUNKIES, GEEKS UND NERDS

Dieses Buch versammelt 75 ikonische Speisen und Getränke aus Kino, TV, Anime, Comic und Videogames, die genauso nachgekocht wurden, wie man sie von der Kinoleinwand, aus dem Fernsehen oder vom Computermonitor kennt, wobei Hobbykoch, Filmfreak und Bestsellerautor Tom Grimm dafür Sorge trägt, dass die hier präsentierten Rezepte selbst die anspruchsvollsten Geschmäcker zufriedenstellen – und das, ohne dafür tagelang in der Küche stehen zu müssen!

HOLLYFOOD: 75 REZEPTE FÜR FILMFANS, SERIENJUNKIES, GEEKS UND NERDS
ISBN: 978-3-8332-3832-1

PANINI BOOKS

www.paninibooks.de

JAMES BOND 007